La pasarela de mi vida

Jacky Bracamontes

La pasarela de mi vida

¡Para atrás, ni para tomar vuelo!

Grijalbo

La pasarela de mi vida
¡Para atrás, ni para tomar vuelo!

Primera edición: mayo de 2017

D. R. © 2017, Jacqueline Bracamontes

D. R. © 2017, derechos de edición mundiales en lengua castellana:
Penguin Random House Grupo Editorial, S. A. de C. V.
Blvd. Miguel de Cervantes Saavedra núm. 301, 1er piso,
colonia Granada, delegación Miguel Hidalgo, C. P. 11520,
Ciudad de México
D. R. © 2017, derechos de la presente edición en lengua castellana:
Penguin Random House Grupo Editorial USA, LLC.
8950 NW 74th Court, Suite 2010
Miami, FL 33156

www.megustaleerenespanol.com

D. R. © Eugenio Derbez, por el prólogo
D. R. © Martha Debayle, por el prólogo

ISBN: 978-1-945540-32-5

Printed in USA

Penguin
Random House
Grupo Editorial

Índice

Prólogo

Por Martha Debayle

Era miércoles. Salí corriendo de mi programa de radio con todo y tacones hacia mi camioneta para irme hasta el otro lado de la ciudad a una comida importante de negocios… Un tránsito infernal… Pongo el Waze para que mi chofer sepa la mejor ruta. ¡¡¡No quiero llegar tarde a mi comida!!!

Me doy cuenta de que mis lentes oscuros están horriblemente sucios. Me los quito para limpiarlos mientras atiendo mi celular. Empiezo con un Whatsapp de una de mis hijas: me está neceando que le dé permiso de ir el viernes con unas amigas, pero no estoy muy de acuerdo en que vaya… Me entra un mail de mi editora de *Moi*, que le urge mi POV de la portada para el siguiente número de la revista… (PS: QUE LE URGE QUE LE CONTESTE… ASAP!!!). Por cierto, me muero de hambre. Traigo en la panza un café y una quesadilla fría que me comí en la mañana camino a la estación de radio, y por más que le rasco a mi bolsa no encuentro ni una galleta o un chicle para calmar las ansias de comer.

Mientras todo esto pasa, me voy dando una manita de gato: mi comida es importante. Es un proyecto que traigo entre manos que… ¡¡¡ya les contaré!!!

Suena mi celular.

—¡¡¡Bueno!!!

—Martha, hablamos de la oficina de Jacqueline Bracamontes, y le gustaría pedirle que le escribiera el prólogo…

¿¿¿NETAAA??? ¿¿¿A QUÉ HORAAA???

Me quedé pasmada unos segundos… Y pensé…

¡¡¡Madres!!! ¿¿¿De qué trata el libro??? ¿¿¿Cuántas páginas??? ¿¿¿Qué quieren que diga??? ¿¿¿Cuándo hay que entregarlo???

Mil y un preguntas pasaron por mi cabeza antes de aceptar la invitación de la Bracamontes…

Luego recapacité.

Cómo chirriones no voy a escribirle el prólogo a esta mujer. Ya sé que ando como perico a toallazos: que si el programa, que si la revista, mi mamá, mis hijas, mi marido, mi ex marido, que si el twitter, la dieta, mis viajes, mi perro, mi salón de belleza, etcétera… Pero no puedo, bajo ninguna circunstancia, no leer y decir algo del libro de la Bracamontes por una simple razón: jugamos en el mismo terreno ella y yo.

He seguido su carrera desde el inicio: desde que empezó como Miss, luego de reportera deportiva con mi comadre la Micha, y poco tiempo después la veo haciendo novelas… ¿Y saben qué me llamó la atención? Que empezó con un papel bien chiquito en una novela en la tarde… No me acuerdo del nombre, pero sí valoré que empezara poco a poco, paso a paso, como debe de ser para alcanzar el éxito… Y de pronto, que la veo de conductora titular de programotes de televisión… Eso me gustó mucho, porque cuando he visto a Jacqueline en la TV es la misma que en persona: natural, neta… auténtica. Me llenaba de orgullo verla en *La Voz México* con una panza de embarazada de 8 meses, con sus tacones, guapísima… ¡¡¡Y chambeando durísimo!!! Y ese camino es el que encontrarán en este libro. *La pasarela de mi vida* nos muestra quién es la Bracamontes, nos da consejos, nos comparte sus experiencias con todo y sus madrazos. Por eso acepté la invitación para colaborar en él. Me parece muy legítimo, y hasta obligatorio, que desde la trinchera que nos toca compartamos nuestras experiencias para ayudarnos, para espejearnos, sobre todo, entre mujeres mexicanas.

Así que los invito a que lean, disfruten, se entusiasmen con este libro que nos mostrará que todo se puede, que todos podemos ser de todo terreno, como la Bracamontes.

Enjoy!

MD

Prólogo

Por Eugenio Derbez

Escribir sobre Jacqueline Bracamontes puede ser muy fácil. Es de esos personajes públicos que adoptas como parte de tu familia sin siquiera saber que el chocolate le causa migraña o que podría comerse media orden de buche en una sentada. Sin embargo, hablar sobre Jacky, Jackita, ese ser profundo que convive con un personaje de la vida pública, es mucho más fácil, mucho más emotivo y sale de lo profundo del corazón. Sí, es ahí donde se hospeda Jacky una vez que la conoces y, más aún, una vez que puedes considerarla una amiga.

Recuerdo aquella época en la que convivimos casi a diario. *Un gallego en París* suponía su debut en teatro y todos sabíamos que era una oportunidad única para que Bracamontes afianzara su carrera como actriz, agarrara las tablas y se mostrara en una faceta diferente como la comedia. Después de los años transcurridos puedo decir, con franqueza, que desde el minuto uno quedé sorprendido por su disciplina y por su respeto hacia los demás; por su exigencia a sí misma, su concentración, su estudio y, sobre todo, su entrega. Cada función era para ella como si fuera la primera y la última.

De esa experiencia nació una amistad que me permite expresar un profundo cariño y admiración por una persona íntegra que ha sabido nadar en un océano complicado. Y será con este libro, *La pasarela de mi vida,* que conocerás, tú, lector, su historia y descubrirás que los triunfos se obtienen por constancia, trabajo y dedicación. Recordarás lo importante que es soñar para alcanzar las metas y, sobre todo, comprobarás que Jacky es esa amiga a la que siempre querrás.

Que lo disfrutes.

Eugenio Derbez

Presentación

Querid@ lector@

Ya sea de manera consciente o inconsciente, no hay día que no me levante con una o varias metas en mi cabeza. Metas ambiciosas o pequeños acuerdos internos. No importa, el chiste es cumplirlos.

El hecho de que en este momento tú te encuentres leyendo este libro, que lo tengas entre tus manos, me llena de alegría y de profundo agradecimiento.

En las siguientes 256 páginas encontrarás la historia de mi vida, mi infancia, mi futbol, mi escuela, mis amigos, mis primeros viajes, mis primeros tacones, mi familia, mis Chivas del Guadalajara, tips de belleza, los concursos también de belleza; cómo empecé en la tele, cómo empecé en el amor; mis sueños y desilusiones; también comparto algunas fotos, algunas recetas de cocina, mis momentos más divertidos, los más emocionantes y también los más horribles y tristes.

Todo con una simple, pero, para mí, muy profunda intensión: Compartir.

Gracias por ser parte de esta linda meta: escribir mi primer libro.

Si en algún momento de tu vida te identificas con alguna experiencia y te sirve para algo... sólo recuerda que ¡para atrás, ni para tomar vuelo...!

Infinitas gracias.

JB

1

Infancia es destino

Dicen que pocas personas conservan memorias de sus primeros cinco años de vida, esos días en los que si un padre presta mucha atención, notará los primeros rasgos de la personalidad de un hijo, los cuales, con el tiempo, empezarán quizás a adquirir un sentido premonitorio. Pienso que, de alguna manera, esos primeros recuerdos encierran un secreto fascinante capaz de ayudarnos a descifrar quiénes somos. Yo recurrentemente intento adentrarme ahí, en ese misterioso archivo místico que es la memoria. Tal vez por ello me gusta tanto preguntarle a la gente: "¿Cuál es tu primer recuerdo?" Me intriga y me atrae todo aquello que guardamos con especial cuidado en el fondo de nuestra mente, casi como un tesoro sagrado.

En mi caso, mi primer recuerdo es la pequeña alegría infantil que sentía en el alma apenas a los cuatro años, cuando veía un vestido de Blancanieves. Estaba fascinada con el mundo de las princesas de Disney, ese universo de magia, ilusiones y fantasía donde precisamente ella, Blancanieves, era mi heroína absoluta.

Si bien Walt Disney sabía mucho de sueños, el experto en cumplírmelos era mi papá. De joven fue jugador profesional de futbol, y después, cuando se casó con mi mamá, se convirtió en entrenador de varios equipos, las Chivas uno de ellos. Gracias a su trabajo y a que es un hombre ahorrador, pudimos hacer un viaje los tres a Disney sin mis hermanos (Alina estaba recién nacida y se quedó con mis abuelos maternos, Mamayoya y Pilil; Jesús no había llegado al mundo, ni siquiera entraba todavía en los planes de mis padres). Para mí, ese paseo fue como estar en una película llena de encanto y príncipes, donde todo era posible y yo podía ser cualquier princesa que eligiera: Blancanieves, por supuesto. Contemplar con mis propios ojos y tocar cada rincón de aquella aldea fantástica, con sus casitas y pasajes coloridos, comprobar que el sueño en verdad existía fue maravilloso. Jamás lo olvidaré.

Levantaba la mirada y veía a la Bella Durmiente o a Cenicienta doblando la esquina, y de noche, el desfile: tantos cuentos de hadas convertidos en una realidad resplandeciente, el parque iluminado por árboles con estrellas diminutas y los pensamientos de tanta gente envueltos en luces y fuegos pirotécnicos. Aquél era el mejor lugar del universo. Y ahí, justo en la tierra de las princesas y los príncipes azules de a de veras, mi papá me compró el anhelado disfraz de Blancanieves.

Claro que para mí no era un disfraz, sino el traje verdadero, el único, confeccionado especialmente para mí. Lo curioso es que, a pesar de que se tratara de un simple disfraz, a mi papá le costó como si fuera el vestido auténtico, pedrería preciosa incluida. Cualquiera diría que por eso tuvimos que comer hot dogs y nuggets el resto del viaje.

Amaba tanto el famoso traje que todavía lo lucí con orgullo, aunque ya un poco pequeño y percudido, en mi quinto cumpleaños en el salón de fiestas Polichinela, en Guadalajara, mi tierra. Fue la primera vez que me sentí realizada, la primera vez que me convertí en reina del mundo. La única, ja.

Fui una niña bastante feliz, en mi casa me divertía como cualquiera de mi edad. Mi hermana y yo jugábamos a hacer casas de campaña con sábanas y, cuando estaban mis primos, jugábamos al cine. Yo ponía una taquilla y les vendía boletos y palomitas, luego apagábamos las luces y nos sentábamos a ver *La Cenicienta, La dama y el vagabundo* o, claro, *Blancanieves*. También me gustaba salir a dar la vuelta en esa preciosa bicicleta rosa que me había traído Santa Claus.

Además de las princesas de Disney, amaba el ballet y, desde entonces, el futbol, del que por obvias razones todo el tiempo se hablaba en casa. También bailaba, jugaba a la cocinita, a la escuela y a disfrazarme todo el santo día de princesa. Aunque tenía una gran colección de muñecas, no me gustaba jugar con ellas, más bien amaba sacarlas de su caja y acomodarlas en una repisa a un lado de mi cama para mirarlas embobada por horas, con sus hermosos vestidos, sus peinados, las diminutas zapatillas y los sombreros. Debo decir que algunas personas me consideran por eso un poco *rarita*.

Cada vez que salía una nueva Barbie, yo debía tenerla. Eran mi obsesión. Las deseaba todas, desde la más sencilla —que venía guapísima en su caja, con un bikini de colores y un par de faldas de hawaiana o una tabla de surf— hasta las de edición especial de fin de año, con alucinantes vestidos de gala, hechos de satín y tul color rojo cereza, llenos de brillantes y dos pares de tacones. Me interesaba tanto la que venía con disfraz de vaquerita como la rockera, la Barbie disco, la soñadora, la bailarina de ballet, la cumpleañera, la buza, la sirena, la chef, la atleta. Me sentía contenta con sólo mirarlas.

Los domingos, lo que más me gustaba era ponerme desde las siete de la mañana a ver Chabelo para saber qué Barbie y demás juguetes iba a pedir en Navidad o en mi cumpleaños. Conviene señalar que el asunto de los regalos siempre ha sido muy particular en mi familia, porque mi cumpleaños es el 23 de diciembre y mis papás siempre me lo festejaron como Dios manda, a pesar de que al día siguiente fuera Navidad y hubiera más regalos. Así que me tocaban, y a la fecha me tocan, regalos por partida doble —no soy la única, pues el cumpleaños de mi papá es el 24 y así como él lo hacía conmigo, yo le doy doble regalo, uno de cumpleaños en la mañana y otro de Navidad a medianoche—, por lo cual tenía motivos de sobra para hacer mi lista de deseos cuando veía lo que se ganaban los "cuates" que iban a concursar con el *amigo de todos los niños*.

Después de recetarme el programa desde el principio hasta las mismísimas *catafixias*, iba al mercado con mi mamá a ver ropa y accesorios para mis muñecas, que permanecían sentadas muy quietecitas en su repisa, esperando un nuevo traje de gala, unas zapatillas de cristal o unos lentes de sol de última moda. Las compras dominicales terminaban con un tejuino y un pozole en compañía de mi mamá. Después, volvíamos a la casa y veíamos en la sala el partido del equipo al que papá estuviera dirigiendo en ese momento y gritábamos como si estuviéramos en el estadio. Si él estaba en casa, entonces el futbol era en su cuarto y a veces, cuando había varios partidos simultáneos importantes para él, se llevaba a la recámara la televisión de la sala y la de la cocina para juntar los tres aparatos y ver todos los juegos al mismo tiempo. Después compró una televisión que permitía sintonizar dos o tres canales a la vez y ¡oh, santo remedio! Esos domingos eran perfectos.

También recuerdo bien el Instituto de la Vera-Cruz, en Guadalajara, una escuela para niñas dirigida por las Mercedarias

Misioneras de Bérriz —mejor conocidas como Las Meches— donde transcurrió mi niñez y parte de mi adolescencia: el enorme patio que no era más que una inmensa plancha de cemento con canchas de básquet y de volibol, los muros y los tres pisos que encerraban esa algarabía tan característica de las escuelas, un alboroto inconfundible que invadía todo el ambiente. Me parecía gigante, lleno de rincones, pasillos y salones donde fácilmente habría podido perderme. Sus paredes aún resguardan la inocencia de esa niña tímida que fui y que todavía conservo dentro de mí, aparentemente bien escondida. Mis primeros descubrimientos y mis sueños más decisivos ocurrieron dentro de aquellas instalaciones a las que tanto cariño les tengo.

En la escuela siempre fui de las alumnas responsables y aplicadas; tal vez ello contribuyó, entre otras cosas, a que en tercero de primaria siguiera sin tener amigas. Pero la verdad es que si no las tenía no era por ser matada, sino porque mis cualidades para la convivencia permanecían dormidas en mi cama mientras yo tenía que ir a la escuela. Dentro del salón, las demás intentaban hablar conmigo para que les prestara los apuntes o les soplara las respuestas a medio examen, pero yo difícilmente accedía, no tanto por egoísta sino más bien por miedo a las represalias que habría si nos descubrían. Cuando decidía arriesgarme, no sabía cómo sostener después la conversación ni mucho menos propiciar una nueva plática.

Hasta hoy caigo en cuenta de que quizás ése sea el origen de mi dificultad para entablar, incluso ahora, nuevas relaciones, a diferencia de mucha gente para quien socializar es un acto natural, casi un reflejo. En la primaria me convertí en una niña solitaria. Normal, pero solitaria. Nunca me consideré ni me he considerado especial o diferente, sólo tímida, al contrario de lo que pueda parecer. Eso sí, cuando encuentro a un verdadero amigo, no lo suelto nunca, pase lo que pase. Soy de esas personas que aplican aquel viejo dicho de las abuelas: "Conmigo poco y bueno".

Consejos para vencer la timidez

- Grábate un día antes de tener una presentación importante. Revísa el video y pule lo que consideres necesario
- Toma un curso de oratoria
- Ponte un reto al día para que salgas de tu zona de confort; por ejemplo: entabla conversación con un desconocido
- Y siempre, siempre, siempre ¡mírate al espejo y ríete de ti!

2

Hélices de helicópteros

Sabía que faltaba poco para salir de vacaciones. Aunque me costaba regresar al presente luego de dormir casi once horas seguidas, al final terminaba por ubicarme en el tiempo y el espacio. Por fin, tras abrir un instante los ojos luego de tallármelos, mientras estiraba mi cuerpo de punta a punta en la cama para que me cupiera de nuevo el espíritu, caía en cuenta de que, otra vez, había comenzado la semana. Era lunes y los pasos de mamá, como todos los días de escuela, no tardarían en resonar por el pasillo. En cualquier momento entraría en el cuarto para despertarnos a mi hermana y a mí. Entonces, volvía a cerrar los ojos intentando regresar a la dimensión del sueño. No quería abrirlos, porque en el minuto en que eso pasara, las risas del fin de semana se convertirían en un recuerdo. El lunes ya era un hecho, pero yo no quería que llegara a pesar del consuelo de las vacaciones, que estaban cerca. Entreabrí un ojo. Tras las cortinas aún no se asomaba ni un rayito de luz y eso me tranquilizaba un poco. Podría dormir otro ratito, cinco minutos más, antes de que mamá llegara al cuarto.

—Jacky, hija, ya despierta. Hay que ir a la escuela. ¡Arriba, hija!

Enseguida mamá se iba a la cama de Alina y repetía el ritual. Abría los ojos y ahí estaba ella, mirándonos con esos ojos que revelaban la lucha del día a día y el oculto deseo de dejarnos dormir un poco más, pero también nos recordaban que las responsabilidades eran primero y que, en ese momento, en lo único que debíamos pensar era en zafarnos de las cobijas para ir a la escuela.

Mi uniforme descansaba impecable y perfectamente planchado en la silla junto a mi cama, donde yo lo dejaba listo la noche anterior para, al despertar, sólo alargar la mano y ponerme la blusa blanca, la falda de cuadros verdes con rojo y el suéter verde, todo esto sin levantarme, como en un acto automático que no hacía sino aplazar por unos segundos más lo inevitable.

Sólo entonces, cuando todavía estaba acostada pero ya con el uniforme puesto, abría definitivamente los ojos y dejaba de resistirme. Alina tardaba un poco más en conseguirlo: también sabía que eran sus últimos momentos de felicidad. Después nos dirigíamos a la cocina, donde Teresita del Niño Jesús nos había preparado unos deliciosos chilaquiles con frijolitos refritos o los mejores huevos con chilorio del mundo, acompañados de jugo de naranja recién hecho. Desayunábamos en calma pero al final todo eran prisas, especialmente los lunes, cuando le tocaba a mamá la ronda y siempre acababa apresurándonos para que nos laváramos los dientes y nos subiéramos rápido a su coche, con el fin de a las 6:45, emprender el camino. Entrar por la puerta del colegio era la prueba concreta y definitiva de que el fin de semana se había esfumado por completo.

Cada día, a las once de la mañana, sonaba la chicharra que daba inicio al recreo, ese sonido estruendoso, aturdidor y puntual que tanta angustia me provocaba, mientras que a mis compañeras las hacía gritar de alegría y las lanzaba en estampida al patio para aprovechar la libertad de aquellos treinta minutos. A mí, definitivamente, no me emocionaba en lo absoluto porque no tenía con quién jugar. Lejos de esperar ese momento con emoción para salir destapada a divertirme, sabía que me aguardaba media hora interminable de soledad y aburrimiento, sentadita por ahí con mi lonchera y mi sándwich de jamón con queso, que más me valía comer a pequeñísimos mordiscos para sobrellevar esa media hora eterna. Si me sobraba tiempo, me inventaba juegos: por ejemplo, ponía mis manos contra el sol y hacía figuras con su sombra, y cuando esos animales creados con mis dedos se cansaban de volar o de deslizarse por el piso del patio, dejaba que los intensos rayos de luz me pegaran de lleno en las palmas y me ponía a analizar con interés científico sus misteriosas líneas, esas que para muchos revelan el futuro y que a mí desde entonces más bien me llevaban a pensar que soy un alma vieja.

Ahora, con mis hijas, aprovecho la tecnología y por la noche enciendo la luz del celular, alumbro el techo y jugamos a hacer figuras: desde el clásico perro hasta el animal mitológico que nos inventamos.

Si por aquel entonces las niñas hubieran jugado futbol con la normalidad con la que hoy puedes verlas en el recreo de casi cualquier escuela, seguramente ahí habría estado yo, en medio de una cascarita y de muchas niñas. Si hubiera existido tal posibilidad, adiós soledad; pero no, las niñas no practicaban futbol: simplemente bailaban, jugaban al bebeleche (avioncito), resorte o quemados.

A mis ocho años —casi nueve— no me preocupaba el destino, lo único que me causaba cierta angustia era la soledad del recreo. Así había transcurrido ya un par de duros años de mi infancia, pero nunca le conté a nadie que me la pasaba sola en los descansos porque no quería que en mi casa me vieran como *la niña sin amigas*. Fuera de la escuela todo era sencillo, muy diferente de aquellos recreos solitarios que hasta ahora comparto en estas hojas de papel, pues se trata de ese tipo de secretos que, por vergüenza, prefieres no confesarle a un conocido al oído.

A pesar de que llevaba así desde primero de primaria, nunca me consideré antisocial u hostil, sólo digamos que la socialización no era mi punto fuerte, pues era más bien penosa. No siempre había sido así. Unos años antes, a los cinco, sí tenía amigas, y además, inseparables. Éramos tres: Gisela, MaríaU —hija de la tía Mari, una de las mejores amigas de mi mamá desde niñas— y yo. Vivíamos en una burbuja de felicidad y no dejábamos que ningún ser ajeno se nos acercara. Nos habíamos acostumbrado tanto a estar juntas, que cualquier invasión del exterior, aunque pareciera buena, la rechazábamos. Nos protegíamos y cerrábamos nuestro espacio para que nadie pudiera entrar.

El paso del jardín de niños a la primaria fue espantoso. Ahí es donde te das cuenta por primera vez en la vida de que si no cumples con tus deberes hay consecuencias indeseables: es la primera cucharada de esa temible realidad a la que tarde o temprano nos referimos los adultos y que tanto asusta a los niños. En la escuela, ese paso implicaba cambiar de zona y de salón, y lo peor de todo: también significaba cambiar de grupo, porque los revolvían. Cuando eso sucedía, aunque no fueras nueva, te sentías como tal. Mis amigas y yo éramos tan apegadas que parecíamos muégano, y a sugerencia de la maestra Dora, por nuestra salud mental y social —según ella— a Gisela, a MaríaU y a mí nos colocaron en diferentes grupos.

Yo, en lugar de descubrir las bondades de otras amigas, me quedé sola entre muchas de las niñas que algún día las tres habíamos rechazado. Pasar de tener dos amigas inseparables a estar completamente sola es algo que una niña tan pequeña no sabe cómo manejar, sobre todo cuando, al parecer, el mundo sigue adelante y tú no; tú te quedas extrañando una vieja armonía que no volverá. Lo curioso de esta separación era que nuestros descansos entre clase y clase coincidían, sólo que ellas sí habían logrado hacer nuevas amistades. Así que la burbuja se rompió en ese traumático camino en el que dejas de ser la niña pequeña y empiezas a adquirir tus primeras responsabilidades importantes, cuando la vida escolar exige tus primeros esfuerzos por ganarte un lugar en el grupo y no sabes cómo hacerlo.

Sin embargo, en tercero de primaria, un lunes soleado de diciembre, justo antes de que terminara el descanso, todo cambió para mí. Ese día terminé mi lunch antes de lo acostumbrado y, después de intentar adivinar qué me iban a regalar mis papás en mi cumpleaños y en Navidad, me di cuenta de que aún faltaban quince minutos para que sonara la chicharra que ponía fin al descanso. Mientras las demás se correteaban, comentaban lo feo del peinado de la maestra Gloria y hablaban mal de alguna compañera, yo me puse a dar vueltas en el patio, con los brazos extendidos como hélice de helicóptero, quitada de la pena y esperando que el tiempo pasara un poco más rápido. Así fue como golpeé accidentalmente a una niña que corría por ahí, le saqué el aire con mis brazos de helicóptero, y aquel día, el azar —o el destino que tanto me gustaba repasar inconscientemente en las palmas de mis manos— hizo que aquel accidente, a mis casi nueve años, se convirtiera en uno de los acontecimientos más importantes de mi vida. A partir de entonces —¿quién lo diría?— dejé ser una niña solitaria.

Su nombre era Karla Graciela Garnica de la Torre, y cuando alguien la llamaba por uno solo de sus dos nombres ella volteaba y, con mirada seria, decía:

—Me llamo Karla Graciela —y con énfasis repetía para que no quedara lugar a dudas—: Karla Graciela. Si no la llamabas por su nombre completo, lo más seguro era que ni si quiera se tomara la molestia de voltear a verte.

Karla Graciela y yo íbamos en tercero. De hecho, estábamos en el mismo salón, y ahora que lo pienso fue muy extraño que, viéndonos todos los días a unos cuantos pupitres de distancia, no nos hubiéramos hecho caso hasta que le saqué el aire aquella mañana. No la vi pasar: me fijé en ella hasta que estaba tirada en el piso sin poder respirar. Como pude, traté de ayudarla. Le soplaba en la cara, jalaba sus manos y estiraba sus piernas para después doblárselas y enseguida estirárselas de nuevo, tal como una vez había visto hacer a mi papá con uno de sus jugadores cuando le dieron un balonazo en pleno partido.

Entonces la reconocí, era la chaparrita vivaracha que se sentaba a tres lugares del mío, la que siempre se estaba riendo con cara de estar planeando una travesura. Nunca me había detenido a observarla, y menos a analizarla; en efecto, era más bajita que yo y de pelo castaño. Después de unos segundos se recuperó y ya de pie jaló aire con fuerza. Traía el suéter verde del uniforme amarrado en la cintura, la falda por debajo de las rodillas y las calcetas le subían hasta la mitad de la pantorrilla. Es extraño cómo de pronto una persona habitual entra a tus sentidos y tomas tal conciencia de ella que cuando menos te das cuenta ya no la puedes sacar de tu corazón. Y es algo en verdad rarísimo que, por lo menos en mi caso, ocurre muy pocas veces, exclusivamente con los grandes amigos o con las almas gemelas.

Me dio tanta pena haberla sofocado que la invité a mi fiesta de cumpleaños, una semana después, para tratar de suavizar el colapso. Desde ese día somos inseparables. Aquel accidente fue el inicio de la amistad más significativa para mí. Con Karla, quien casi enseguida me dio licencia para llamarla sólo por su primer nombre, ya nunca tuve que preocuparme por los espeluznantes treinta minutos del recreo o por comerme mi sándwich lo más lento posible ni por inventarme nuevas distracciones que me ayudaran a que el tiempo pasara un poco más rápido. Desde que la encontré formé parte de un grupo; siempre tenía un plan, siempre había un juego, siempre teníamos algo de qué platicar o de qué reírnos, una confesión o una nueva historia. Así empecé a juntarme con otras niñas, aunque siempre con Karla. No dejé de lado mi natural timidez, pero con ella todo fue más fácil. Por fortuna existen esas benditas personas con quienes la vida es mejor y esto de existir se torna más sencillo, te sientes bien y todo fluye.

Karla y yo fuimos desde el principio la mancuerna ideal, el equilibrio perfecto. Ella, al contrario de mí, se hacía amiga hasta de las piedras. Siempre fue aplicada, pero no era de las matadas. Es tan inteligente que casi sin estudiar sacaba ochos y nueves en los exámenes. Cuando nos tocaba hacer un trabajo en equipo o en parejas, yo siempre la escogía a ella porque era responsable, lista y, además, escribía muy bien. Es una de las personas más leales y nobles que he conocido, es amiga en las buenas, en las malas y en las catástrofes; una amiga que no conoce la envidia y cuando cumples tus deseos, se alegra y salta de felicidad contigo, y cuando el mundo se te viene abajo, estira tus piernas, te las dobla y vuelve a estirártelas hasta que recuperas el oxígeno para después sentarse a llorar a tu lado y compartir tus lágrimas. Su impresionante memoria recuerda todos y cada uno de los nombres de las niñas de cada generación y de las maestras de todas las materias. Karla es como el engrudo social: su carisma hace posibles los encuentros y reencuentros.

En otras palabras, entre el carácter extrovertido y la simpatía de ella, y mi aprensión y timidez, éramos tal para cual. A pesar de mi obsesión por los deberes escolares y los primeros lugares, Karla me enseñó que no todo era portarse bien y estar en el cuadro de honor y en la escolta. Una vez se le ocurrió jugarle una broma a la maestra Lolita, a quien le puso *mousse* para peinados en la silla del salón. No sé cómo logró convencerme de participar en aquella travesura, porque yo jamás en la vida habría pensado hacer una cosa así, sobre todo por temor a que me pusieran un reporte o, peor, que me expulsaran de la escuela. El caso es que la maestra se sentó en el *mousse* y las risas resonaron en todo el salón durante varios minutos, en medio de la cara de orgullo de Karla y el pavor reflejado en la mía. Naturalmente, después del castigo que las dos tuvimos que cumplir juré no volverme a pasar de la raya. Karla, todavía en la dirección, aun después del tremendo regaño, soltaba risitas socarronas y volteaba a verme para preguntarme:

—¿Te acuerdas de la cara que puso?

Francamente, tenía razón. Por supuesto que es cruel, insolente y grosero faltarle al respeto a un maestro y ponerlo en ridículo, pero a esa edad, cuando eres una niña boba, no hay nada más cómico que la cara de una maestra cuyas alumnas le han jugado con éxito una broma. Yo estaba fascinada con la personalidad de Karla: vivaz, atrevida, espontánea y alocada; era más que una hermana para mí y aún hoy, cuando nos vemos, si por cualquier causa transcurrió una temporada larga sin coincidir, nos conectamos como si nos hubiéramos visto el día anterior. Ella casi vivía en mi casa y yo también iba con frecuencia a la suya, se hizo amiga de mis hermanos y mis primos. Mi mamá era para ella como una segunda madre y se integró de tal manera en nuestro ambiente familiar que las reglas y costumbres hogareñas, incluidos los regaños y los abrazos, eran iguales para ella que para mis hermanos y para mí. Hasta la fecha, hoy que Karla es madre, recuerda y aplica con cariño las enseñanzas que vio en nuestra casa durante la infancia.

Sólo tengo dos reglas básicas en la amistad

- Elegir a mis amigas muy cuidadosamente
- Valorar la lealtad absoluta: en las malas y... ¡en las buenas!

A lo largo de nuestros años de crecimiento compartimos los primeros sueños, nos hicimos nuestras primeras confesiones y, en pocas palabras, descubrimos el mundo una junto a la otra. Nos complementábamos como uña y mugre, o bueno, como mano y guante. De las dos, yo era la que tenía talento para los números y el pensamiento lógico, y ella quien se interesaba por la política, las causas sociales y las humanidades. Pero había algo que a ambas nos encantaba por igual: el teatro.

Curiosamente, aunque yo no era ni la popular ni el centro de atención entre mis amigas de la escuela, me encantaba brillar en el escenario y que todos me aplaudieran. Cuando comenzaba a actuar entraba totalmente en el personaje y dejaba de ser la Jacky estudiosa y responsable para convertirme en cualquier otra persona. A Karla y a mí nos fascinaba la adrenalina de tener que meternos en los zapatos de otras, usar ropas que no eran las nuestras y decir los diálogos con la entonación particular de cada papel.

Uno de los traumas de mis años en el Vera-Cruz fue precisamente la pastorela. Cada año representaba un personaje diferente: pastorcita, diablo e incluso arcángel. Pero lo que más quería en la vida era ser la Virgen y nunca me habían dado el papel. Al llegar a sexto de primaria me invadió el temor de interpretar de nuevo a la pastorcita que se quedaba dormida a la mitad del peregrinaje, o al ángel que proclamaba el nacimiento del niño Jesús entre la buena gente, pero confié en mi suerte y creí con todas mis fuerzas que al fin, después de seis años de personajes de reparto, yo tendría mi codiciado papel protagónico de Virgen. Pero mi sueño no se realizó, y en aquella pastorela, pese a mi ferviente deseo, me subí al escenario a interpretar a un pastor bigotón que era engañado vergonzosamente por un diablillo.

Otro de los grandes momentos de sexto de primaria fue en la obra *Vaselina,* donde Karla representó el papel de Dany y a mí me tocó ser Sandy. Ésa fue una de mis experiencias más divertidas en la escuela, porque la obra nos quedó genial y en los ensayos nos revolcábamos de la risa cuando se nos olvidaban los diálogos y terminábamos diciendo cualquier cosa. Nos fascinaban los vestidos y las pelucas que usábamos, pero lo que más nos gustaba, obviamente, eran las coreografías y las canciones que tomamos de aquel legendario acetato de *Vaselina* interpretada por Timbiriche, que marcó el fin de la niñez y el inicio de la preadolescencia de toda mi generación. ¿Quién iba decir que aquéllos serían los primeros pasos de lo que se convertiría en mi verdadera profesión? Nunca lo imaginé, pero en esos momentos me sentía plena, feliz, dichosa y agradecida, indicios irrefutables de que estás haciendo lo que viniste a hacer. Cuando uno mira hacia atrás y recorre los años en los que los sueños eran el pan de cada día, no puede evitar sonreír al darse cuenta de que la vida ha sido generosa permitiendo su realización.

Ese último grado de primaria no sólo fue el presentimiento de los años que vendrían o el cumplimiento de un deseo muy ferviente, también fue cuando me di cuenta de que existían unos seres que hasta entonces no me habían interesado en lo absoluto: los niños.

Al final de cada ciclo escolar, el instituto organizaba el Undokay, un evento para recaudar fondos que se destinaban a las misiones. Karla, MaríaU —volvimos a juntarnos poco después de que conocí a Karla—, mis demás amigas y yo estábamos muy emocionadas por el Undokay, sobre todo por la disco. Mientras más se acercaba el fin de curso, más nerviosas nos poníamos. Nos preguntábamos qué nos pondríamos y ensayábamos poses y caras frente al espejo; después de todo, era la primera fiesta en la que nos sentíamos *grandes*. Pero a mí lo que de verdad me interesaba, lo que me tenía más nerviosa, no era en sí la fiesta o el fin de año, sino Charly Morales, el primo de mi amiga Marifer. Todas las que lo conocíamos estábamos locas por él, con su pelito rubio y su cara que a nosotras nos parecía como de príncipe de las películas de Disney.

Cuando al fin llegó el esperado –y temido– día, yo me moría de vergüenza cada vez que él estaba cerca o me miraba, porque, debo decir, había algo, se sentía eso que nosotros llamamos *química* y que para mí se traduce en ese reconocimiento ciego de las almas. Ni siquiera me acuerdo si me sacó a bailar cuando estábamos en la disco, porque mi pena era tanta que no sabía dónde meter la cara cada vez que él me buscaba con los ojos. Mi natural timidez hacía que me comportara de una forma absurda: sólo de pensar que él estaba ahí, al lado mío, empezaba a reírme por la cosquilla de los nervios.

Después del fin de año nos fuimos de vacaciones de verano a Manzanillo, a Club Santiago, donde también estaban otras amigas y, por supuesto, Marifer con su primo. Estábamos jugando todos entre la arena y el mar, y mis amigas empezaron a hacerme burla y canturreaban "¡Jacky y Charly!". Yo me sumergí en el agua deseando que me tragara el océano. Karla, claro está, era de las primeras en bromear, pues si mis habilidades sociales en solitario no daban ni para iniciar una conversación con una niña de mi edad, mucho menos para mirar siquiera al niño que me gustaba, lo cual me hacía pasar de nuevo no sé si como una inadaptada o una sangrona.

—¡Cuéntanos, cuéntanos! —cantaban al unísono cuando estábamos a solas, ignorando que, aunque Charly y yo habíamos estado a pocos centímetros de distancia, no habíamos cruzado ni una palabra; sólo de repente habíamos cruzado las miradas que rápido buscábamos dónde ocultar, porque él también era bastante tímido.

—¿Se te resistió? ¡Cuéntanos, cuéntanos! —y yo quería ahorcarlas, casi tanto como a mí misma por no haberme atrevido a decirle un simple "hola".

Al terminar aquellas vacaciones, me mandaron un año a estudiar a Estados Unidos y durante ese tiempo cambiaron muchas cosas. No volví a pensar en Charly ni en ningún otro niño por una buena temporada. Lo que yo no sabía era que mi historia sentimental, lejos de terminar, apenas había empezado.

3

La perfección no es lo que importa

En 1993, Karla, MaríaU y yo teníamos doce años. Los éxitos del verano eran "What's Up", de 4 Non Blondes; "Bed of Roses", de Bon Jovi; "Hasta que me olvides", de Luis Miguel; y "Detrás de mi ventana", de Yuri. Salí de la primaria y entraba en la adolescencia con la mirada sorprendida de quien descubre por sí misma que más allá de los muros de la escuela de siempre hay todavía más mundo, más gente y más historias que esperan ser contadas. La vida me abría los brazos y yo estaba a punto de aprender grandes lecciones.

El primer año de secundaria, mis amigas y yo lo cursamos en Overbrook, una academia de los Legionarios de Cristo sólo para mujeres, que estaba en Rhode Island, aunque justo ese año se había mudado temporalmente a una sede alterna en Kent, Connecticut. Nos mandaron allá para que aprendiéramos inglés, pero nos trajimos bajo el brazo mucho más que el conocimiento de un idioma extranjero. Fue la primera vez que estuve realmente lejos de mis papás, extrañé demasiado mi casa, a mis hermanos, el olor de la exquisita comida de Teresita, la loción de mi papá, los domingos de futbol en casa con los tres televisores en la recámara. A la distancia el tiempo toma otra dimensión, se hace más largo que para quienes permanecen en su sitio. Es algo parecido a lo que sucede con la gente que se siente sola, como aquellos recreos que duraban treinta minutos y que a mí me parecían de horas y horas. Ese año en Estados Unidos mi dinámica fue completamente distinta de la que llevaba en México. En el internado íbamos a misa todos los días y recibíamos guía espiritual de las consagradas, teníamos clases por la mañana y también en la tarde y debíamos cumplir rigurosamente con los deberes que nos correspondían. Nuestra conducta se registraba con un criterio básico que consistía en una tarjeta que llevábamos colgada del cuello, en la cual se registraban nuestros progresos o faltas: la tarjeta de *debits* y de *credits*. Las reglas del juego eran simples: si hacías algo fuera del orden establecido, te ponían un *debit;* pero si eras disciplinada y responsable, te premiaban con un *credit*. Si te escuchaban hablando en español, *debit*; si tenías tu cuarto ordenado, *credit,* y así por el estilo. Yo, que estaba ya muy habituada a la fuerte disciplina a la que mamá me había acostumbrado, no tuve problema para cumplir con mis deberes de la A a la Z.

Había jerarquías en los *debits*; el más grave, por decirlo así, era hablar en español, pero había otros menores, como *disorder*, que en realidad era casi nada. Al final del ciclo escolar entregaban el premio Integra Mulier a la alumna con mayores méritos. No tenía que ser forzosamente la que tuviera mejores calificaciones, sino la que mejor hubiera cumplido con el espíritu de formación de la escuela: la estudiante modelo, buena amiga y compañera, prudente, responsable y respetuosa. Obviamente, desde que supe del Integra mi objetivo fue ganarlo, tener muchos *credits* y no tener un solo *debit* en mi registro, ni uno solo. Siempre he sido perfeccionista y cuando me propongo algo, lucho por obtenerlo.

Cada fin de semana salíamos de excursión a alguna ciudad cerca de la academia. Nos llevaban a Boston y a Nueva York, principalmente; para nosotras era un acontecimiento de importantes dimensiones. Caminar por las calles de la Gran Manzana era como subirnos al escenario donde se filmaban las películas que habíamos visto en la televisión o en el cine. Cada visita a Nueva York era para mis amigas –Karla, MaríaU, Sofi (mi prima), Lorenza Garain, Ana Paula de Anda, Denisse Lomelí (hermana de una persona muy importante para mí, de quien después hablaré)– y para mí un viaje a la aventura. Nos deslumbraban las grandes avenidas desbordadas por los ríos de gente y enaltecidas por esos enormes rascacielos cuya cima no alcanzábamos a ver, todas esas personas que desfilaban por la calle con lo primero que habían encontrado en su clóset, y aun así, parecían sacadas de una revista de modas. Tantas razas, idiomas y las impresionantes tiendas de las marcas más exclusivas. El magnetismo de Nueva York no lo tiene ninguna otra ciudad a la que yo haya ido, posee una singular fuerza de atracción que te seduce y te invita a regresar. Me gustaba mucho respirar conscientemente esa esencia que mezcla la fascinación de lo siempre nuevo y un aire de orgullo y frescura. Creo que ahí, en la Gran Manzana, entre todos esos espectaculares aparadores y la parafernalia cosmopolita, fue donde nació mi pasión por el shopping.

Mi guía básica de Nueva York

- Tómate un *bellini* en el Cipriani
- Camina por Central Park y por la Quinta Avenida
- Cómete una langosta en el mercado de Chelsea
- Cena en el restaurante Cosme del chef Enrique Olvera
- Ve al teatro en Brooklyn, sí o sí
- Admira el puente de Brooklyn al atardecer

De lunes a viernes esperábamos con ansia el fin de semana y yo aprovechaba tanta misa para pedir en mis oraciones que nos llevaran de visita a Nueva York, una y otra vez, todas las que fueran posibles. Sólo había una manera de que las salidas se vieran frustradas y era que tuvieras un *debit* por hablar en español. Entonces sí, no había forma de que te exculparan y como penitencia debías quedarte encerrada en la escuela a trabajar. Yo nunca sufrí uno de esos castigos, pero mi esfuerzo constante y mi perfeccionismo desmedido terminaban muchas veces en migrañas que a la fecha me persiguen.

Aquel año, justo en Nueva York, vi por primera vez la nieve. Era tan increíble poder tocarla con la punta de los dedos o atrapar los suaves copos con la boca y sentirlos hacerse agua en la lengua, que el frío dejó de importarme. Estaba viviendo un sueño del que no quería despertar.

La Navidad de 1993 no sólo fue la primera sin mi familia, en otro país, sino que también fue la primera vez que estuve en Europa. A todas, sin excepción, nos llevaron a Roma. La plaza de San Pedro nos pareció monumental y extraordinaria —no exageraba mamá cuando me decía que me impresionaría—, como si hubiéramos hecho un viaje al tiempo de los grandes genios de la arquitectura, esos maravillosos artistas que dejaron su legado para la humanidad. No sólo íbamos nosotras, las niñas de Overbrook, sino también las de otras escuelas de la misma orden religiosa alrededor del mundo, incluyendo las de puros niños, y claro, nuestra —digamos— contraparte masculina, los alumnos del internado de Oakland.

Puesto que éramos muchísimos los jóvenes que habíamos ido a ver al Papa desde todos los rincones del planeta, sólo había un alumno por colegio que tendría la oportunidad de tomar la comunión de las manos del mismísimo Juan Pablo II. Íbamos en el camión de Roma al Vaticano para asistir a la misa del 24 de diciembre y la directora de Overbrook, miss Bertha del Toro, le dijo a Lorenza, una de mis amigas:

—Como tu cumpleaños es hoy, tu regalo será recibir la comunión de manos del Papa.

Lorenza estaba contentísima con su regalo y todas la abrazamos para felicitarla. Yo me alegraba mucho por ella, aunque también habría deseado, creo que como todas las que estábamos ahí, que se me hubiera concedido el mismo deseo. Estoy segura de que Dios o un ángel guardián escuchó mi corazón, porque a miss Bertha le avisaron que las niñas del colegio de Irlanda iban con retraso y posiblemente no alcanzarían a llegar a la ceremonia. Eso significaba que había otro pase para que alguna afortunada pudiera recibir la comunión de manos del sumo pontífice, y la miss Bertha se dirigió a mí:

—Bueno, Jacky, como tu cumpleaños fue ayer, si no llegan ellas, tú podrás tomar su lugar e ir directamente con el Papa. Te vas a sentar con las elegidas como si fueras a comulgar, pero si llega la de Irlanda vas a tener que dejarla pasar y salir disimuladamente.

Cuando llegamos a la Basílica de San Pedro, mientras todas buscaban la paz en su espíritu, yo me moría de nervios y sudaba de ansiedad. ¿Y si la otra alumna llegaba y no me tocaba la comunión de la mano del Papa? Transcurrieron minutos que me parecieron horas y a cada oración del sermón yo miraba de reojo para ver si la niña había aparecido. Aun ya formada para ver a Juan Pablo II más de cerca, sentía que en cualquier momento me iban a sacar de la fila. Sólo hasta que estuve frente a él me di cuenta de que lo que me estaba pasando era excepcional y me sentí tranquila, absolutamente bendecida, literalmente, por estar en ese lugar y en ese preciso momento. ¡No paré de llorar por dos días de la emoción!

A esas alturas, en nuestra primera pubertad, tanto Karla como MaríaU y yo estábamos perfectamente convencidas de que había bien y mal en el mundo, de que había virtud y pecado, y de que los niños, por supuesto, eran cosa del diablo. Así nos educaron y nos insistían en que ni volteáramos a verlos. Pero teníamos trece años, y a esa edad la naturaleza es una fuerza lo suficientemente poderosa para vencer la mala educación y los falsos preceptos, así que era frecuente que nos pusiéramos nerviosas ante la presencia de niños, y no faltaba quien se retorciera como lombriz, lanzara miraditas e intercambiara risitas tontas. Ciertamente, yo no había vuelto a pensar en nadie, ni siquiera en Charly Morales. Si acaso, durante algún paseo escolar, me enamoraba fugazmente de algún niño cuya mirada se cruzaba con la mía en la ciudad que fuera, porque lo que tengo de tímida lo tengo de soñadora. Pero fuera de esos coqueteos ópticos fantásticos, desde que me levantaba hasta que me dormía, mi comportamiento estaba bajo una estricta autodisciplina y jamás habría permitido que un niño se interpusiera en el camino entre mi Integra Mulier y yo. Así que cuando formaron a los niños del Oakland junto a nosotras, yo fui la única que permaneció derechita, derechita, sin siquiera parpadear.

Consejos para mantener la calma

- Respira varias veces de manera profunda
- Sé firme en tu objetivo. Recuerda todo el tiempo para qué estás ahí
- Antepón la disciplina

Un mes antes de que terminara el año escolar, amaneció un día con un calor insoportable. Me desperté rápidamente, me bañé, fui a tomar el desayuno y me quité el suéter antes de entrar a misa. Lo dejé en una de las bancas que estaban afuera de la capilla, y cuando salí hacía tanto calor que lo olvidé y me fui a mi salón. Después de la clase, miss Sandra me llamó a su oficina y me pidió que le entregara mi tarjeta para ponerme un *debit*. Yo no podía creerlo: me había esforzado durante tantos meses para que todo se viniera abajo poco antes de terminar el año. ¡Era un drama!

—Dejaste tu suéter en las bancas. Te voy a poner un *debit* de *disorder* —dijo la miss.

En lugar de comportarme como una joven civilizada y decente, me deshice en lágrimas, súplicas y ruegos; hice un escándalo tremendo, digno de una estudiante a quien le acaban de comunicar que ha sido expulsada por alguna falta grave que no cometió. El mundo se me vino abajo. Todo se había ido a la basura por un suéter fuera de lugar, por el calor de un inocente día de verano y unos cuantos rayos del sol sobre mi cabeza. Además, debo decir que yo era tan severa en cuanto a mi buen comportamiento, que para mí no hacer la tarea, faltar a misa o no decir mis oraciones eran acciones que ni siquiera entraban en mi rango de lo posible. Era tan estudiosa que, a pesar de que nos daban toda la tarde para hacer la tarea, yo me llevaba los libros a mi cuarto con el propósito de estudiar más bajo las sábanas a la luz de una linterna.

—¡Dame tu tarjeta, Jacky! —insistía miss Sandra con la mano extendida, ya bastante desesperada y, especialmente, incrédula. Yo me negaba y apretaba la tarjeta en la mano derecha mientras me revolcaba en mi drama y me ahogaba en lágrimas amargas. Terminé dándole la tarjeta porque me amenazó con no dejarme ir hasta que no se la entregara. Era la segunda vez en mi vida que estaba en la dirección por una falta y no por gusto.

Salí de la oficina cabizbaja y con todas las miradas de la escuela sobre mí. Todas me señalaban como la estudiante caída en desgracia. Bueno, la verdad no, pero eso me pareció entonces. Era como si llevara en la frente la marca de Caín. Estaba condenada a perder mi premio, el trofeo por el que tantos meses me había desvelado.

Confieso que aún guardaba una pequeña esperanza de ganar el Integra, porque después de todo, un *debit* de *disorder* no era gran cosa, *peccata minuta*, y yo lo sabía. Además, fuera de eso, siempre me había comportado perfectamente y había cumplido con todo; tan es así, ¡que hasta había cantado en el coro un solo a pesar de que canto horrible! Cuando llegó el esperado día de la graduación, entré en el auditorio con el estómago revuelto. Ni siquiera había podido terminarme el desayuno porque no podía pensar en otra cosa. Mis papás habían ido a la ceremonia y yo me puse completamente pálida. Karla, que estaba a mi lado y a quien esas cosas nunca le preocuparon, me preguntaba qué me pasaba, pero yo ni siquiera podía contestar, tenía un nudo en la garganta. Ella me apretó la mano y me miró como diciendo: "Tranquila, todo va a estar bien". Pasó el discurso de clausura, los nombres de las graduadas, los agradecimientos, bendiciones, algunos otros premios y, finalmente, llegó el momento de entregar el Integra Mulier.

—Este año hemos concedido el premio Integra Mulier a... —cerré los ojos, apreté los puños y pedí que el nombre que pronunciaran fuera el mío—: ¡Lourdes García Abascal!

El auditorio estalló en aplausos y ovaciones de alegría para la ganadora. Me dieron náuseas y casi me desmayo a causa del disgusto. La academia entera corrió a abrazar a Lourdes; luego, algunas de mis amigas me abrazaron a mí y me felicitaron por mis reconocimientos, entre ellos el de la mejor estudiante del salón, pero el premio no me supo ni al de consolación. Me sentí exactamente como la representante de Holanda en el concurso Miss Universo de 1991, cuando se enteró de que ella quedaba como primera finalista y que, por consiguiente, la ganadora de la corona era Miss México, la fabulosa Lupita Jones, insuperable.

—¡Uy, pobre holandesa! —comentó mi madre en el sillón de la casa tras la coronación, pues aquélla realmente lucía devastada—. Aunque la verdad es que sí, la Jones está más guapa. Eso de estar a punto de ganar se debe sentir horrible, m'hija. Pero qué bueno que ganó México.

Y yo, que disfrutaba ver con mi mamá en la tele los concursos, sólo asentí, pues, no sé por qué, me puse por unos segundos en el papel de esa guapísima mujer y experimenté de cierta manera las sensaciones por las que atravesaba: a pesar de que tenía pintada una gran sonrisa, se le veía a punto de caer.

En 2014, Lourdes García lamentablemente falleció de cáncer de mama y dejó a tres pequeños hijos al cuidado de su esposo. Al ver estos contrastes en perspectiva, no puedo evitar pensar que nadie tiene los años comprados, que somos seres vulnerables y nunca sabremos cómo va a cambiar nuestra historia de un día a otro, sin previo aviso, sin dejarnos decir siquiera adiós a las personas que amamos. Por eso hay que intentar vivir como si cada día fuera el último, dando siempre lo mejor de nosotros mismos. La vida de repente nos presenta situaciones dolorosamente inesperadas, a las que debemos hacer frente con la mayor entereza posible.

No había ya nada que hacer. Abracé a mis papás, que estaban felices de que yo hubiera alcanzado las calificaciones más altas, y Karla me abrazó porque sabía lo que estaba sintiendo. Después de la ceremonia, miss Bertha me llamó un momento aparte.

—Jacky —me dijo con solemnidad—, te íbamos a dar a ti el Integra Mulier. Yo no sabía qué decir. Estaba realmente sorprendida. —¿Sabes por qué no lo hicimos?

—No, ¿por qué? —pregunté.

—Por el espantoso drama que hiciste cuando se te puso el *debit*. ¿En qué estabas pensando, niña? Aún no puedo creer el escándalo que armaste.

—¡Es que yo no quería tener un solo *debit* en todo el año!

—¡Qué importaba! ¡Es hermoso poder equivocarse! ¡Eso es lo que nos hace humanos! La perfección también permite los errores y la conciencia de poder enmendarlos.

Había perdido para siempre el premio Integra Mulier, pero comprendí que había ganado un premio más valioso, el que realmente importaba: la seguridad de que la perfección no consiste en hacerlo todo bien, sino en poder equivocarse y ser capaz de aprender de uno mismo. Mis papás me enseñaron que uno es tan grande como el tamaño de sus sueños, pero las palabras de miss Bertha me enseñaron que el mejor no es el que no se equivoca, sino el que tiene la voluntad y la fuerza para reponerse y seguir el camino con el tesoro de la experiencia.

La vida religiosa había dejado una profunda huella en mí. Después de todo, había tenido un buen año. En esos meses tuve tiempo más que suficiente para pensar en una profesión y en la dirección que quería tomar. Karla quería ser presidenta de la República; mis planes eran completamente diferentes a los suyos. Yo me sentía adulta y había aprendido a tomar mis decisiones. Con lo que había visto y vivido del mundo, tenía ya una idea de quién era yo. Así que cuando regresamos mis papás y yo a México, me senté con ellos, con toda la seriedad del mundo, y les hablé así:

—Mamá, papá, he pensado en estos meses qué quiero hacer en la vida.

—¿Y qué quieres hacer, Jacky? —me preguntó mi papá, esperando tal vez que mi deseo fuera ser bailarina de ballet, maestra o, como Karla, presidenta de México o, por lo menos, senadora por Jalisco. Pero nada estaba más lejos de mi verdadero deseo. Me afiné la garganta, miré a los ojos a mis papás y les dije:

—Quiero ser consagrada.

4

De tacos, disciplina y arbitraje

Papá y mamá me miraron durante largo rato y no dijeron una palabra. No sabían si reír o llorar. Quizás en algún momento se preguntaron: "¿En qué momento la perdimos?" Tengo fresco el recuerdo de la cara de mi papá, atónito, pensando que, de un momento a otro, confesaría que todo era una broma. Pero no, lo dije en serio: quería ser consagrada.

Mi papá, que siempre fue el más ecuánime, cuando se dio cuenta de que no bromeaba, me respondió:

—Me parece muy bien que quieras ser consagrada, Jacky.

—¿En verdad? —pregunté, un poco incrédula. Me esperaba una conversación más difícil.

—Sí. Pero no ahora. Apenas tienes trece años. Esperemos a que llegues a los dieciocho y si todavía quieres ser consagrada, tu mamá y yo te apoyaremos.

Pocas veces papá tomaba el control de una conversación y hablaba en nombre de mi madre; por lo regular, inteligentemente, daba un paso al lado y le cedía a ella su lugar y la palabra; sólo se ocupaba de los casos cuando ameritaban su intervención. Y lo recuerdo así desde que tengo memoria y juicio: reflexivo, tolerante y consentidor, únicamente alzaba la voz si la situación lo requería. Mamá, en cambio, siempre ha sido inquieta, intensa, estricta, con un alto sentido de la responsabilidad y siempre corriendo. Coinciden, eso sí, en lo trabajadores.

El papá de mi mamá nació en México, pero mi bisabuelo, Raúl Van Hoorde, era belga y su esposa, Emilia Lebre, francesa. Él llegó a Guadalajara como refugiado de la Primera Guerra Mundial y ahí conoció a mi bisabuela, una joven bien educada que pintaba y tocaba el piano, había crecido en una familia aristócrata y llegó al estado dejando atrás todo un mundo para pasar el resto de su vida, feliz, en un pequeño pueblo donde entonces no había carretera y el río Lerma todavía llevaba agua. Mis bisabuelos se enamoraron profundamente y se casaron. Después tuvieron hijos y pusieron una fábrica de quesos, crema y mantequilla: La Imperial,* en La Barca, Jalisco, junto a Ocotlán, del otro lado del lago de Chapala. A la fecha la dirige mi tío Jorge. ¡Son mis quesos favoritos! En los veranos me iba feliz a trabajar en la fábrica, ya fuera empacando mantequillas o haciendo queso Oaxaca.

Mi abuelito se llamaba Felipe Van Hoorde, pero nosotros lo llamábamos Pilil, y mi abuelita se llamaba Aurora Barragán, y le decíamos Mamayoya. Amaba quedarme en casa de ellos y lo hacía cada vez que podía. Era mi paraíso, nunca quería regresar a mi casa, y cada vez que mi mamá iba a recogerme yo le gritaba por la ventana que no me quería ir.

Papá y mamá se conocieron cuando ella tenía catorce y él diecisiete años. En ese entonces, el Instituto de la Vera-Cruz tenía

* Visita su página de internet: <http://www.cremerialaimperial.com>. ¡Uf, te encantarán! De sólo acordarme, se me hace agua la boca.

internado y mamá cursaba primero de secundaria la primera vez que vio a mi papá. Coincidieron en una fiesta donde estaban las del Vera-Cruz y los del Instituto de Ciencias de Guadalajara; él era de los más guapos y cotizados del círculo de amigos. En un principio, cuando se le declaró, ella le dijo que no porque Pilil no había dado su consentimiento, pero después de su fiesta de quince años, en Jamay, se hicieron novios a escondidas de mi abuelito. Un año más tarde, apenas unos jovencitos, mi papá le propuso que se casaran para poder quedarse en el rancho familiar, en Tecomán, Colima, porque ya no quería estudiar y prefería trabajar duro para forjarse un futuro. Mi mamá, de sólo dieciséis años, entró en pánico y le dijo que de ninguna manera: ella quería viajar, estudiar en otro país, ver el mundo con sus propios ojos y gozar la vida; además, odiaba las arañas, los alacranes, el clima húmedo y, en pocas palabras, no tenía ganas de irse a vivir a un rancho. Mi papá, despechado, se puso furioso y terminaron. Así, cada quien pudo crecer y madurar por su cuenta. Pasó mucho tiempo durante el cual, a pesar de vivir cerca, no volvieron a verse. Al terminar la preparatoria, mamá se fue a estudiar a Irlanda, donde se enteró de que mi papá se iba a casar, pero al volver a México supo que al final se había ido un año a Estados Unidos y eso impidió que se casara. Ella se metió a estudiar Psicología como segunda carrera —ya había estudiado Turismo— en el ITESO (Instituto Tecnológico y de Estudios Superiores de Occidente) y ahí se reencontró con mi papá. A partir de entonces retomaron la relación, que duró tres años y medio.

Ya como pareja, mamá tuvo la oportunidad de irse una temporada a estudiar a Francia y pensó seriamente en dejar a papá, pero mi tía Silvia la convenció de que si él la quería, la iba a esperar. No terminaron en ese momento, pero sí después de diciembre, cuando él la fue a visitar a Europa a escondidas de Pilil y Mamayoya; ella tuvo serias dudas sobre si deseaba o no continuar con aquello. Mamá le escribió una carta a una amiga contándole de sus sentimientos encontrados, y la que debió ser cómplice leal se reveló como la malvada de la telenovela: la supuesta amiga se las arregló para hablarle a mi papá, que no se imaginaba nada de esto, y le leyó línea por línea ese fatídico testimonio de la crisis sentimental, que significó, como era de esperarse, el final del noviazgo. O eso fue lo que él entendió, porque la señorita Jacqueline no se dio por enterada hasta mucho tiempo después, cuando supo que el despechado Jesús, después de mil maldiciones, había empezado a andar con otra.

El día que mamá regresó a México, lo hizo con la idea de irse a Italia, a casa de unos amigos. La estancia en Guadalajara sería corta, tan sólo un mes o dos de vacaciones, pero, de nuevo, la tenacidad marca Bracamontes ganó, y esta vez no sólo regresaron, sino que él le propuso matrimonio. Y el resto es historia. De eso ya pasaron más de tres décadas, tres hijos y seis nietos.

Al principio, ni Mamayoya ni Pilil querían a mi papá y cada vez que él le hablaba por teléfono a mi mamá, mi abuelita le colgaba o lo dejaba esperando en la línea. Pero mi padre es una persona tan noble y generosa como perseverante y paciente: terminó por ganarse el corazón de sus suegros y de toda la familia. De hecho, de entre los hijos, yernos y nueras, fue a quien más quiso mi abuela. En carácter, yo me parezco a él: los dos somos tranquilos e introvertidos. Por otro lado, siempre digo que mi mamá es todóloga: excelente hermana, esposa, amiga, hija… Y, sobre todo, mamá y la mejor abuela. Es una mujer de carácter decidido y entregado: se parte en mil para ayudar a todos. Siempre lucha por lo que quiere y no deja que nada le impida conseguirlo. En buena medida, gracias a mi mamá, papá es quien es.

De pequeños, todos los primos nos reuníamos en Jamay en las vacaciones. Como no había piscina, sacábamos una alberca inflable y nos pasábamos toda la tarde chapoteando y jugando entre el pasto y los árboles, hasta acabar llenos de tierra. La cocina parecía un mercado a todas horas, con Mamayoya por un lado cocinando y mis tías por otro ayudándole a sazonar, a lavar trastes, pelar papas, picar cebollas, jitomates y chiles. El sonido característico de la carne al tocar el fuego de la parrilla y, sobre todo, la promesa de saborear los famosísimos tacos de hueva que cocinaba mi tía Mago, me abrían el apetito, y cuando nos sentábamos todos a la mesa era un alboroto de locos donde uno pedía sal, otro quería agua y uno más allá pedía la pimienta o la salsa de molcajete. Las vacaciones en Jamay hicieron de mi infancia el lugar más bello y acogedor de mi memoria.

Mis primas Sofi, Pau, Vero, Daniela, mi hermana Ali y yo organizábamos shows que después presentábamos a los tíos. También hacíamos desfiles de moda y concursos de belleza en el patio de la casa, con pasarela incluida. Las bandas de las participantes las fabricábamos con papel de baño y plumones, mi hermana era Miss La Barca y yo, Miss Guadalajara, quién lo diría. Creo que fue en esos años cuando empezó mi pasión por los reflectores, aunque entonces sólo eran imaginarios, lo mismo que los fotógrafos y los reporteros. El público y los aplausos sí eran de verdad, pues los adultos tomaban muy en serio su rol para complacernos.

Después de unas semanas en Jamay, nos íbamos a Manzanillo a pasar el resto de las vacaciones en Club Santiago, donde también vacacionaban algunas de mis amigas, entre ellas Karla, Marifer Morales y el perseguido Charly.

Antes de casarse con mamá, mi papá –Jaime de Jesús Bracamontes Zenizo– fue durante algunos años el tercer portero de Chivas, después de Nacho Calderón y del Coco Rodríguez. A Nacho Calderón lo compró la U de G (Universidad de Guadalajara) y mi papá se quedó como segundo portero. Cuando esperaba a que le dieran la titularidad, el Club Deportivo Tepic le ofreció la oportunidad de jugar en el primer equipo y la tomó, así que dejó las Chivas y se fue a Nayarit. A los pocos días, como si se tratara de una mala broma, se concretó la venta del Coco Rodríguez, portero titular del Rebaño Sagrado, y el gran Jesús Bracamontes, así conocido por mí, ya no estaba ahí para aprovechar la circunstancia. A veces la vida hace jugadas incomprensibles y a uno no le queda más que resignarse y luego sonreír para después seguir adelante, porque no puedes vivir tan sólo preguntándote qué hubiera pasado, en lugar de arriesgarte a tomar las oportunidades que se presentan en el momento justo.

Después de ocho meses en el Tepic, cuando terminó la temporada de 1976, mis padres se casaron, y papá, como ya no quería andar de la Ceca a la Meca, decidió retirarse y establecerse para formar una familia. En 1978, entre los dos abrieron una tienda de artículos deportivos en Plaza Vallarta que se llamaba Eurosport, en donde mamá pasaba prácticamente todas las tardes y mis hermanos y yo trabajábamos algunos días de las vacaciones.

Poco después de haberse retirado, el ITESO, la universidad de la que se graduó, lo invitó a unirse como entrenador; fue entonces cuando se dio cuenta de que le gustaba dirigir. Se preparó, adquirió experiencia, logró buenos resultados y pronto el Club Tapatío, el equipo de segunda división de las Chivas, lo llamó a sus filas. Papá sabía que ese paso lo acercaría de nuevo al equipo de sus amores, adonde tiempo después, en efecto, llegó como auxiliar. ¡Y qué equipo el de entonces! Era una alineación legendaria al mando de Ricardo Antonio La Volpe. Aquella temporada, la 89-90, no había sido precisamente una de las mejores, y la directiva decidió sacar al argentino después de la jornada trece tras una derrota contra el Morelia. Con La Volpe fuera, el club llamó a Árpád Fekete para sustituirlo; mi papá seguía como auxiliar. Pero a los pocos partidos, Fekete también se fue porque no se encontraba a gusto con las decisiones que se tomaban desde los altos mandos. Entonces llamaron a mi papá para decirle que él iba a dirigir el clásico, aunque después debía entregar el equipo a Miguel Ángel el *Zurdo* López. A pesar de la instrucción, mi papá habló con el *Zurdo* para poner el equipo en sus manos, pero él le confió aquel América-Chivas:

—Dirígelo tú. Entrégame el equipo después del clásico.

Y así fue como Jesús Bracamontes llegó por fin a las Chivas, primero de interino, en ese partido que ni yo ni nadie en mi familia olvidaremos jamás. No pudimos ir al estadio porque el juego fue en el Distrito Federal y nosotros teníamos que quedarnos en Guadalajara, pero el ambiente en la casa era equivalente al de un carnaval, por decir lo menos. Quedaron empatados a dos goles, pero lo festejamos como si hubiera sido un triunfo en la final del mundial con la selección de México. Mi abuelita Mamayoya hasta dio una marometa en la cama de la pura emoción.

Sabía que en ese instante, al sonar el silbatazo con que el árbitro concluyó el juego, mi papá acababa de materializar uno de sus más grandes sueños, y una hazaña así se celebra con lágrimas, risas y euforia. Al regresar a casa, a Guadalajara, lo recibimos con serpentinas, confeti y globos blancos, azules y rojos por toda la casa. Nos abrazamos hasta que se nos entumieron los brazos. Durante muchos años, él se había imaginado con todas sus fuerzas estar donde estuvo, unos pasos atrás de la línea de banda, al frente de las rayadas, en un partido de película. Y trabajó duro para conseguirlo, lo mismo que mamá para sacar adelante tres hijos, una tienda, juntas en las escuelas y un sinfín de etcéteras.

Tras ese juego, como estaba previsto, papá entregó la dirección del equipo al *Zurdo* López, quien terminó aquella temporada y permaneció la siguiente como entrenador. Finalmente, en la

91-92, mi papá regresó al banco, ya como técnico titular, realizando plenamente y en toda regla aquel sueño largamente acariciado. Su visión del futuro y su poder para materializar sus deseos es algo que yo puedo presumir de haberle heredado. No se trata de una cuestión meramente mágica —aunque tiene su parte— o de fantasías que se vuelven realidad nada más porque sí, como en Disney: es un asunto de entrega, de volcarte con todo tu ser en aquello que anhelas desde el fondo de tu corazón y hacer todo lo que esté en tus manos, y en tus pies, para conseguirlo.

Después de algunos años en las Chivas, mi papá se fue con los Correcaminos de la Universidad Autónoma de Tamaulipas, luego con los Tecos y posteriormente con el Morelia y Chivas Tijuana, una filial de las rayadas que en la actualidad ya no existe. Más tarde, ya en 2000 y 2001, regresó con sus adoradas Chivas, hasta que en 2003 entró como director deportivo en la Federación Mexicana de Futbol. Cuando papá entrenaba al Morelia y a Chivas Tijuana pasaba meses fuera de casa y nosotros lo extrañábamos mucho, pero con las Chivas y con Tecos siempre estuvo ahí para abrazarnos al llegar de la escuela y compartir cada una de nuestras aventuras infantiles. Cada vez que nos sentábamos a ver un partido en la sala, era como si tuviéramos a los jugadores a unos metros de distancia, gritábamos, aplaudíamos, les llamábamos por sus nombres, les gritábamos que pasaran el balón y saltábamos en el sillón o en la cama, y también maldecíamos y casi llorábamos cuando el equipo contrario anotaba un gol. Ir al estadio era un verdadero ritual para el que nos preparábamos con horas de antelación. Nos levantábamos de un brinco y corríamos a arreglarnos con el fin de llegar a buena hora al Jalisco. Una vez afuera, comprábamos lonches de El pesebre y también guasanas (garbanzos verdes que vendían al vapor, preparados con limón, chile y sal) o papas fritas recién hechas, con sal y una salsa picante especial que preparaban los días de partido. El vendedor ya nos conocía y siempre nos apartaba las mejores bolsas de frituras, que nos terminaba de condimentar en el momento. Después, entrábamos y subíamos a nuestro palco bien equipados, con playeras rojiblancas, la bandera con la que nos envolvíamos y, además, Karla y yo nos poníamos en la cara el sello con el escudo Chiva. Durante el partido, nos uníamos a los cánticos y gritábamos la porra a todo pulmón; vociferábamos contra el árbitro –"¡Árbitro cuatro ojos!"– cada vez que marcaba faltas inexistentes en nuestra contra o si dejaba de pitar algo a nuestro favor. El futbol fue y es tan importante para mí desde pequeña, que en una de mis primeras fotografías, cuando tenía apenas un año, salgo con un vestido rosa junto a un balón y con una sonrisa de oreja a oreja. De hecho, creo que si hubiera sido niño me habría gustado ser futbolista profesional; me parece curioso que ninguno de mis hermanos sienta esa pasión futbolera que a mí desde siempre me ha llenado de emoción.

¿Qué me ha dejado el futbol?

- Disciplina
- Respeto
- Constancia
- Entrega
- Lealtad
- Amor a la camiseta: el equipo es más importante que el individuo

Debido al trabajo de papá y a aquellas temporadas que vivía fuera de casa en otra ciudad, partiéndose el lomo para que a nosotros no nos faltara nada, fue mamá quien nos educó y soportó durante la mayor parte del tiempo. Ella nos enseñó los valores de la disciplina, el respeto y el orden. Cuando una mujer se convierte en madre, comprende los sacrificios y las enseñanzas de la suya, y entonces viene el consabido "¡qué razón tenía mi mamá!". Yo puedo decir a estas alturas de la vida que todo lo que soy, con mis triunfos y errores, con mis virtudes y defectos, con mis sueños, fortalezas, tropiezos y glorias, se lo debo a mi mamá, Jacqueline Van Hoorde.

Mis hermanos —Alina y Jesús— y yo fuimos niños muy felices gracias a nuestros padres y a la hermosa familia en la que crecimos. Nuestros pequeños dramas infantiles se reducían al terror de quedarnos solos con Cuca, la señora gritona que ayudaba con la limpieza de la casa —antes de que llegara Teresita del Niño Jesús— y al temor de que a mamá se le hubiera ocurrido cocinar ese asqueroso hígado encebollado que detestábamos casi tanto o más que a las calabacitas con elote. La hora de la comida era un ritual que los cinco cumplíamos sin falta. Ahí platicábamos lo que nos había pasado en la mañana y, de repente, nos quejábamos si el platillo del día no nos gustaba. En ese aspecto, mamá era insobornable porque no dejaba que nadie se levantara hasta que el plato no estuviera limpio. Podía quedarse hasta las seis o siete de la tarde frente a ti para asegurarse de que te comieras hasta el último chícharo, y eso aplicaba lo mismo para los primos que iban de visita a la casa y para Karla, quien muchas veces comía con nosotros y tampoco le hacían mucha gracia esos guisados. He de decir que ahora como calabazas sin remilgos, aunque la cuestión del hígado encebollado es algo que jamás superé.

El ambiente en casa era estricto en cuanto a nuestras responsabilidades, pero siempre armónico, recuerdo a mis papás queriéndose mucho y tratándose muy bien. Con nosotros tres, en lo que a la educación y los principios se refería, actuaban con determinación. Cuando había exámenes, así fueran las dos de la madrugada mamá no se iba a dormir hasta que no le repitiera de memoria, de principio a fin, páginas enteras de los libros de texto o las capitales completas del mundo. Tenía que aprendérmelo todo, con puntos y comas. Al mismo tiempo, a la hora de demostrar los sentimientos, mamá también era cariñosa y consentidora. Desde niña me sé querida; ésa es otra suerte que la vida me ha concedido, pues uno sólo es capaz de dar lo que ha recibido y yo, gracias a lo que mis papás me transmitieron, tengo la posibilidad de ejercer el amor de igual manera con mis hijas y decirles todos los días que las amo.

Cuando no estaba ayudándome a estudiar o vigilando que nos acabáramos toda la comida, mamá estaba en Eurosport. Tengo muchas y muy bonitas memorias de aquellos años. Por ejemplo, los numeritos que le armaba cada vez que la veía fumando, aunque eso no era sólo en la tienda, sino en cualquier lugar. Odio el cigarro desde que tengo uso de razón y mi mamá fumaba mucho. Cuando la veía con uno me ponía realmente mal, me salía humo por las orejas. Ella solía comprar esos paquetes *flip top* en Estados Unidos, los cuales aventaba al final de su clóset para que yo no pudiera verlos y menos alcanzarlos. A mí me daba igual que esas cajas fueran carísimas: me subía en lo que podía y, así estuvieran hasta el fondo, las alcanzaba, me las llevaba debajo del suéter y las tiraba en el camión de la basura que pasaba cada dos días por mi calle. Sé que una de las cosas que más exaspera a un fumador es que alguien le quite el cigarro y se lo apague. Pues eso era justamente lo que yo hacía y no me importaba el consecuente regaño que sabía llegaría después.

Una vez mi mamá estaba trabajando en su escritorio de la tienda con un cigarro a medio fumar. Creo que tendría yo unos siete u ocho años. Llegué con ella y sin titubeo alguno se lo apagué, según mi costumbre. Mamá me puso una regañiza como pocas. Me gritaba y yo lloraba, y entre una lágrima y otra yo aullaba desesperada:

—¡No quiero que te mueras! ¡Entiende! ¡Quiero que me dures muchos años!

El numerito se repetía constantemente. Me había convertido en un detector de humo y mi nariz estaba siempre cazando el olor del tabaco en cualquier lugar alrededor de mi mamá. Sabía que el cigarro era la muerte y no podía imaginarme que eso pudiera ocurrirle a ella, ¿por qué no lo entendía?

Cada año, al llegar la cuaresma, para que ésta tuviera sentido mamá nos decía que debíamos realizar un sacrificio y dejar de hacer o de consumir durante cuarenta días algo que realmente nos gustara, algo verdaderamente valioso para nosotros. Normalmente mi sacrificio era no comer Doritos, que me fascinan, o cosas con chile o salsa Valentina, porque yo a todo le ponía picante. Y todavía. Así llegó una cuaresma más y le pregunté:

—Oye, mamá, ¿y tú qué vas a sacrificar?

Obviamente, mi pregunta tenía maña. A mamá le encanta la Coca Light, así que su promesa era casi siempre dejar de tomarla. Sin embargo, esa vez ofreció dejar el café, lo cual fue terrible porque cuando mamá no bebía su café se ponía de un humor tan espantoso que ni los cuatro evangelistas juntos la habrían soportado, así que terminamos rogándole que nos hiciera el favor de volver a tomar café y dejar a cambio otra cosa. A nosotros no nos importaba que no cumpliera su sacrificio con tal de no verla de mal genio, así que muy campante pretendió reemplazar el café por la Coca Light, pero yo le respondí:

—Tú siempre nos has dicho que dejemos lo que realmente nos guste más, por sobre todo, algo que verdaderamente nos encante para que sea un sacrificio de verdad. ¿Por qué no dejas el cigarro?

Mamá se quedó callada, pero yo seguí.

—Predica con el ejemplo, ma. Ya que te gustan tanto los cigarros, ése debería ser tu sacrificio.

La acorralé. Mamá dejó de fumar. A partir de esa cuaresma se deshizo por mucho tiempo del horrible vicio; luego lo retomó, pero ahora ya lleva muchos años sin probar un cigarro. A veces, los hijos también tendemos trampas a los papás con la intención de cuidarlos.

Ahora que veo a mis hijas y recuerdo el hermoso hogar que tuve, doy gracias a mis padres por habernos enseñado lo que esa palabra significa y, sobre todo, porque nos hicieron saber cómo se siente y de qué se construye. Cuando un hijo tiene la fortuna de haber vivido en un lugar así, en un templo tan sagrado, seguramente elegirá levantar una fortaleza que se cimiente sobre el mismo amor, con muros sólidos que le den seguridad a la familia y conviertan ese entorno en un refugio de paz y armonía, con puertas abiertas de par en par para dar paso a la felicidad y a las posibilidades, a lo maravilloso; un hogar donde los que ahí duermen descansen en sus sueños y despierten con entusiasmo para ir desde temprano a hacerlos realidad.

Mis pilares en la vida

Mi casa está fincada en AAA: amor, armonía y aceptación. Estos valores implican respeto, honrar la palabra, escuchar, acompañar, aportar, hablar de frente y luchar. Y claro, no podría faltar: la disciplina. ¿Cuáles son los tuyos?

No puedo evitar sonreír al recordar aquella tarde en que les dije a mis padres que quería ser una consagrada, porque, como ellos ya sabían, cuando cumplí los dieciocho ya no quedaba ni una sombra de mi deseo de pasar la vida rezando en ayunas. Es más, ni siquiera esperé a cumplir la mayoría de edad, pues al siguiente año de haber regresado de Overbrook tuve mi primer novio y cambié el hábito por los vestidos.

5

Ley de Murphy y dos o tres valses

Aunque sólo había pasado un año, cuando volví de Overbrook me sentí como si hubieran transcurrido muchos desde la última vez que había estado en mi tierra. En mi mente, aquellos meses habían sido larguísimos, casi una vida. Pero cuando puse un pie fuera del avión de regreso y respiré el olor de mi querida Guadalajara, cuando mis papás y mis hermanos corrieron a abrazarme, cuando entré de nuevo por la puerta de mi casa y volví a caminar por las calles de mi infancia, aquel año pareció sólo un suspiro en el tiempo. Redescubrí mi antiguo entorno con ojos nuevos y el espíritu fresco, con el peso de algunas experiencias aprendidas. Tenía arraigadas las ideas que me habían inculcado en el internado, pero poco a poco me fui dando cuenta de que mi destino estaba en otra parte, fuera de aquellas cuatro paredes, e incluso —¿quién sabe?— fuera de mi ciudad natal.

Debo reconocer que mi renuncia a la idea de tomar los votos monacales se la debo en gran parte a uno de aquellos seres de los que huía peor que de un virus altamente contagioso. Se llamaba Luis

Cortés y era el primo de MaríaU. ¡Me parecía tan encantador! Era el típico muchacho rubio, impecable, bien portado, súper educado y con la ropa siempre bien acomodada, ni un pelo fuera de lugar. Cada vez que él estaba cerca, yo repetía la misma conducta tonta que con Charly Morales: soltaba risitas nerviosas y, si había un lugar dónde esconderme, huía como alma que lleva el diablo. Pero cuando no existía la posibilidad de correr o los nervios eran tantos que ni la risa me salía bien, optaba por quedarme callada como una piedra porque no sabía qué otra cosa hacer. Ante los ojos de Luis quizás parecía altanería, pero en realidad era timidez, una timidez llevada al extremo. Para mi sorpresa, sin buscarlo, tal vez mi comportamiento llamó la atención del susodicho, porque un día, cuando estábamos con la familia de MaríaU en su casa de campo de San Luis Soyatlán, Luis se me acercó y me preguntó al oído, casi en secreto y con la voz temblorosa:

—¿Quieres ser mi novia?

En ese momento no había a dónde correr sin que pareciera una loca de remate. Sentía tanta pena que por unos segundos no pude articular una sola sílaba. Mi mente se puso en blanco y el estómago se me revolvió. ¡Quería que fuéramos novios! Y yo no sabía de qué se trataba eso de tener un novio, pero estaba segura de que era malo. ¿Era verdad lo que me estaba pasando? De repente sentí como si una luz cenital cayera sobre mi cabeza y yo fuera el centro del universo, como si todos los ojos de la tierra, o de Jalisco, o bueno, de San Luis, estuvieran puestos en mí, esperando mi respuesta, aunque en la realidad nadie nos prestaba la mínima atención. En ese entonces, yo todavía pensaba que los niños eran la encarnación del pecado, pero Luis me gustaba tanto que no podía dejar de mirarlo y de imaginarme, durante segundos fugaces, que lo mejor del mundo era ser su novia. Así que, después de un momento —el cual seguro para él fue tan interminable como para mí— le respondí:

—¡Sí, sí quiero!

Y Luis estaba a punto de sonreír, sus ojos empezaban a brillar con la alegría del deseo realizado, cuando yo lo paré en seco:

—Con tres condiciones.

Él se quedó desconcertado, pero para mí estaba más que claro que yo, como mujer bien educada y temerosa de la ira de Dios, debía velar por la salvación de mi alma.

—Número uno: nadie puede saber que somos novios. Número dos: no puedes agarrarme la mano. Y número tres: nunca, por ningún motivo, te atrevas a llamarme por teléfono a mi casa.

Y como en ese entonces los jóvenes no usábamos celulares —con trabajos algunos afortunados adultos— el pobre no tendría forma de comunicarse conmigo.

Ahí descubrí que él estaba tan enamorado de mí como yo de él —tanto como pueden estar un par de adolescentes de catorce años—, porque aceptó rápidamente mis tres condiciones con tal de estar conmigo, como fuera. Mi corazón saltaba de alegría, latía como caballo desbocado cuando me quedaba a solas en mi cuarto, apagaba las luces y escuchaba la respiración de Alina en señal de que ya se había dormido. Era la persona más feliz del mundo. "Tengo novio": me lo recordaba constantemente mientras sentía, por primera vez, la satisfacción y plenitud de un amor absolutamente puro, correspondido. Aunque, por otro lado, me moría de pena tan sólo de imaginarme que alguien, en especial mis papás, se pudiera enterar de que yo andaba de novia cuando apenas unos meses antes había decidido hacer voto de castidad de por vida. Nadie debía saberlo.

Así que ahí estábamos el pobre de Luis y yo: éramos novios, pero aparte de nuestros mejores amigos, ninguna otra persona sobre la faz de la tierra lo sabía. Yo pensaba en él todo el día y sonreía sin motivo alguno, me emocionaba; sin embargo, cuando nos encontrábamos, actuaba de manera recurrente como si no me importara. Luego me lo reprochaba, como también solía hacerlo por no atreverme a comunicarme mejor y expresar de una vez por todas mis temerosos sentimientos. A veces MaríaU me llamaba por teléfono y me decía confidencialmente que su primo quería hablar conmigo, y yo me ponía como loca, le advertía que si se atrevía a llamarme a la casa terminaría con él, renegaría de nuestro noviazgo de por vida y jamás volvería a dirigirle la palabra. Por las tardes, íbamos todos los amigos al cine a Plaza México, y Luis y yo nos sentábamos juntos, pero ni en la oscuridad de la sala de proyección, donde nadie nos veía, permitía que me tomara de la mano. ¡Qué horror si alguien lo hubiera notado! Me moría de la vergüenza, pero también de felicidad cuando involuntaria —o quizás voluntariamente— nos rozábamos. Siempre que por *supuestos accidentes* su mano llegaba a tocar la mía, una explosión de electricidad recorría todo mi ser, desde la coronilla hasta los dedos de los pies.

En la vida he aprendido a comunicar mejor mis emociones. Para ello, he practicado los siguientes "mantras", espero que te sirvan:

- Lo que digo *no significa* que sea la verdad; más bien es lo que *siento*
- Encontrar el momento adecuado para que la otra persona escuche *mi sentir*

Sin embargo, el secreto de nuestro noviazgo se hacía cada vez más pesado y difícil de soportar, como si todos los días llevara en mi mochila de la escuela, junto con mis lápices y cuadernos, una bomba a punto de explotar. Los nervios y la pena me comían cada día que pasaba, y mis ganas de tomarle la mano y mirarlo a los ojos no disminuían con el tiempo, al contrario. Quizás hasta imaginé cómo sería nuestro primer beso, pero entonces me arrepentía de pensarlo y me ponía a ver la tele o a platicar de otra cosa con Karla. Además, si no había dejado que me tomara de la mano, ¡en la vida dejaría que me diera un beso! Esta situación, como era de esperarse, no podía durar demasiado, así que un día, después de un mes de novios, terminé con él.

Sí, yo todavía estaba loca por él, más que nunca, pero en aquel momento no estaba lista para andar de novia con nadie. Él, por divertirse o por darme celos, empezó a andar con otra y yo, cada vez que los veía juntos, me ponía roja de coraje y después verde de celos. Dentro de mí, y también con Karla, despotricaba en contra de la fulana y de él, pero por fuera, obviamente, hacía como si no pasara nada. Jamás habría dejado que él se diera cuenta de la rabia que sentía al verlo con alguien que no fuera yo.

Un día llegó al salón de la escuela una alumna nueva y pronto se integró a nuestro grupo de amigas. MaríaU, Karla y el resto de nosotras le dimos la bienvenida, pero yo, además de ponerla al día, le advertí una sola cosa:

—Mira, Nicole, todos aquí somos amigos y nos llevamos muy bien. De los niños, puedes andar con quien quieras, excepto con uno: Luis. Con él ni intercambiar la hora, ¿ok?

Lo que nunca haría una verdadera amiga

- Fijarse en tu ex
- Divulgar tus secretos
- Subestimarte o subestimar a los otros
- Ocultarte la verdad por más dolorosa que sea

Una tarde de viernes que salimos en bola le señalé a Luis, con cuidado de que no nos viera. Como era natural, a los pocos días empezó a andar con él. Si quieres que alguien haga algo, dile que no lo haga: psicología inversa, ahora todo mundo sabe cómo funciona, pero en la adolescencia una no tiene idea de que en ciertas circunstancias "sí" significa "no" y "no" significa "ve y hazlo". Odié a Nicole con todo mi corazón, con el mismo que amaba a Luis. Todavía hoy me pregunto cómo es posible albergar sentimientos tan opuestos en un mismo sitio y cómo un músculo que aparentemente sólo irriga sangre es capaz de provocar sensaciones contrarias simultáneamente.

No podía creer que esa niña nueva me hubiera traicionado de manera tan baja. Estaba tan furiosa que pedí que la sentaran en el otro extremo del salón, porque si la ponían cerca de mí, habría problemas y mi presumido autocontrol se iría a la basura. Estaba todavía muy clavada con Luis, escribía su nombre junto con el mío en mi cuaderno y ponía corazones con su inicial en las páginas finales de los libros de texto. Eso sí, con lápiz, para después borrarlo y que nadie leyera semejante declaración. Pensaba en él casi todo el tiempo y me hervía la sangre cada vez que lo veía pasearse con Nicole enfrente de mí, con sus caras de satisfacción y sus miraditas bobas. Tengo que decir que hoy Nicole y yo somos muy buenas amigas, y cuando recordamos esos días no paramos de reír hasta que el estómago nos duele.

Así pasaron unos cuantos meses y finalmente llegó el día de mi cumpleaños número quince. La familia de mi mamá tenía un terreno con jardín junto a nuestra casa y ahí me organizaron mi soñada fiesta de quince años. Fue algo espléndido, con cerca de cuatrocientos invitados donde había sólo cinco mesas para adultos.

Bailamos las canciones que estaban de moda entonces y las infaltables de todos los tiempos, "Pretty Woman", "It Must Have

Been Love", "Saturday Night" y, por supuesto, la famosísima "Macarena", que era obligada en cualquier fiesta que pretendiera poner a la gente a reventar el piso; no paramos en toda la noche. Era como un antro porque mis papás contrataron luz y sonido; el estroboscopio y las luces de colores daban el ambiente de disco de los noventa.

Aquí va una playlist variada para nostálgicos. Incluye bonus tracks:
- "Please Forgive Me", de Bryan Adams
- "Power of Love", de Celine Dion
- "Me haces tanto bien", de Amistades Peligrosas
- "Calle de las sirenas", de Kabah
- "Return to Innocence", de Enigma
- "Don't Turn Around", de Ace of Base
- "Baby, I Love Your Way", de Big Mountain
- "What's Going On", de 4 Non Blondes
- "Si tú no vuelves", de Miguel Bosé

Bonus:
- "Oye, mi amor", de Maná
- "El día que me quieras", de Luis Miguel

En mi vals, musicalizado por "Everything I Do, I Do It For You", de Bryan Adams, y otras baladas pegajosas de moda, bailé, sin exagerar, exactamente con cincuenta y dos hombres de todas las edades —entre los cuales estaban Charly Morales y otros protagonistas de mi adolescencia–, pues era costumbre conceder aunque fuera unos segundos del baile a cada invitado (bueno, no a todos). Yo desde días antes me había entusiasmado con la idea de bailar con Luis, porque, aunque él fuera con pareja, en algún punto tendríamos que estar frente a frente y movernos al mismo compás. Entonces, pensé, cuando nuestras manos se toquen sabré sus verdaderos sentimientos por mí, ¿me habría olvidado ya? Quizá sólo andaba con Nicole buscando darme celos, me decía a mí misma para tranquilizarme. ¡Había esperado tanto tiempo! Hasta me imaginé que, si sentía que él todavía me quería —una mujer intuye esas cosas en lo más profundo del alma—, lo miraría a los ojos y, sin palabras, le daría a entender que era correspondido. O tal vez sólo me haría la misteriosa para dejarlo encandilado. Podían pasar muchas cosas en esos minutos; en mi cabeza había una novela de amor en la cual él y yo, después de todos los obstáculos, terminábamos juntos.

Cuando empezaron a sonar los primeros acordes, mi papá se acercó para abrir pista. Yo me moría de emoción y él de los nervios, tanto que poco faltó para que me pisara. Después bailé con mi hermano Jesús, que entonces tenía siete años y era tan pequeño que cuando me abrazó me tomó de la pompa en lugar de la cintura, que era demasiado alta para él. Al terminar, uno a uno los niños pidieron su momento estelar con la festejada. Yo los contaba; aunque lo disfrutaba quería que pronto llegáramos al final, y que justo en ese momento Luis bailara conmigo, porque, según la tradición —o la superstición, más bien—, el último en bailar con la quinceañera debe ser su pareja toda la noche, como el rey y la reina del baile de graduación —sí, ya sabía que él iba con otra—. ¿Cuánto faltaba para que terminara el vals y Luis me tuviera entre sus brazos? Pasaba un amigo, otro más y otro; muchos necesitaban clases urgentes de baile y unos pocos se movían como los mismos ángeles —si los ángeles bailan—, aunque por más celestiales que fueran, yo sólo pensaba en una persona. También había quienes no querían soltarme y ceder paso al siguiente, pero ante la insistencia de los suspirantes, la cortesía ganaba y yo seguía con mi número. Cuando estaba a punto de perder la serenidad, porque me parecía

que cada melodía duraba horas, recordaba que al final, seguramente, tendría mi recompensa. De entre el grupito de amigos que
estaban a la vista, distinguí a Luis. Su expresión rondaba entre los
nervios y la indecisión. "¡Espera hasta el final!", le gritaba en mi
cabeza. Después de cuarenta y nueve parejas, el susodicho juntó
valor para acercarse. ¡Nooooo! ¡Espera un poco más! Pero Luis se
aproximaba y ya no podía dar marcha atrás. El instante que había
esperado desde hacía semanas estaba por hacerse realidad. Luis tomó
mis manos y nos movimos al mismo ritmo. Mis planes de recon-
quista se vinieron abajo tan sólo al verlo, mi novela imaginaria se
borró de golpe y se me hizo un nudo en la garganta. Yo seguía
sonriendo, pero mi mente estaba en blanco. Todo transcurrió en
un tiempo tan corto que ahora que lo cuento parece un parpadeo.
Intenté tranquilizarme y aspiré profundamente para mirarlo y preguntarle —en silencio— si aún me quería. Si lograba mantener la
calma podría meterme en su alma y obtener mi respuesta, pero en
el preciso instante en que nuestros ojos se encontraron, justo cuando él parecía revelarme sus sentimientos —según yo— alguien más
llegó a exigir su turno conmigo. ¡Qué frustración! ¡No había podido bailar con Luis más de diez segundos! ¡Cómo odié a aquel
que me lo quitó de los brazos! Mis esperanzas destruidas por un
sujeto del cual ahora ni el nombre recuerdo, sólo me acuerdo que
se quedó bailando conmigo durante minutos que creí eternos. El
muy listo quería ser mi última pareja de baile, había robado el lugar de Luis y yo, por dentro, estaba enfurecida, aunque nunca
perdí la sonrisa, porque, pase lo que pase, el estilo es lo último que
se debe perder. Al final, bailé con otro de mis amigos y el asunto
quedó ahí. Nada de *prom queen* y *king*. No pude intuir nada ni
reconquistar a nadie, pero tampoco me amargué.

Técnica para *nuuunca* perder el estilo

Si te pisas el vestido largo y te tropiezas, si te rompes una uña, si te tuerces el tobillo, si se te rompe la media o el pantalón, si vas demasiado arreglada… ¡ríete de ti misma!

Mi vestido lo había mandado a hacer mi mamá especialmente para la ocasión con un diseñador jalisciense, Manuel García de Alba; ése fue el primero que tuve hecho a mi medida, lo cual lo hizo especial. Era bonito, pero bastante serio, nada de falda de tul ni diamantina: la era de las princesas de Disney había quedado atrás de manera oficial, porque, de todos modos, aquéllas eran realeza de cuento de hadas y yo quería ser una princesa de verdad, o al menos verme como una. Hubiera querido un atuendo más espectacular dada la ocasión, pero no fue así: mi vestido era bastante formal: rojo, arriba de la rodilla, de manga larga y ¡hombreras! Sí, ¡esas espantosas hombreras gracias a las cuales los ochenta y noventa pasaron a la historia de la moda como las décadas malditas! Claro que en esos años no hacían a nadie dudar de tu sentido del buen gusto; hoy es otra cosa. La verdad es que me sentía algo insegura, tanto por la vestimenta como por el peinado, porque yo odiaba el fleco y mi mamá no me dejó recogérmelo. Con esa pinta no creía ser precisamente la princesa de la noche. No obstante, al resto de mis amigos no les fue mucho mejor, al menos a las niñas, porque el ritual de una mujer para elegir qué se va a poner y cómo se va a arreglar en un evento especial dista mucho del de los hombres. Para ellos todo es más sencillo; a lo largo de las décadas un pantalón, saco, chaleco y corbata los han transformado en apuestos caballeros sin mayor dificultad. En cambio, para las mujeres todo empieza con cincuenta posibilidades; en esa época, las opciones incluían las minifaldas floreadas o con patrones geométricos, mallones —que ahora vuelven a estar de moda bajo el nombre de *leggins*—, enormes blusones de colores vistosos, vestidos de holanes, estampados de animales, pantalones con corte a la cintura, escotes en V, hombros descubiertos —a nuestra edad ¡nunca!— o cuello de marinero. Después venía la ceremonia del peinado: ¿el cabello suelto y con mucho volumen, fijado con Stereo Line o en una cola de caballo, recogido con gel para que nada se mueva de su lugar? ¿El fleco sobre la frente o en un copete como el usado por Paulina Rubio en Timbiriche? ¿Rizos espectaculares y alborotados o lacio de baba? Las cintas alrededor del cabello, las diademas, las donas y así hasta el dolor de cabeza… Pese a todo, con asesoría de amigas, hermanas, mamás y tías, lográbamos encontrar el *outfit* adecuado, que terminaba siendo, en muchos casos, el famoso traje sastre para las ocasiones en las que había que vestirse formal. La verdad es que nos veíamos como señoras púberes. Si bien ahora aquellas tendencias me parecen atroces, en los noventa eran lo *in* y a mí siempre me gustó estar a la moda.

¡Uy, la moda ochentera! Lo más feo de esa época era:
- Las famosas hombreras que te hacían ver siempre como jugador de americano
- Las medias que iban arriba de la rodilla y se usaban con minifalda
- El fleco de pájaro loco
- El uso del fondo
- Los tristes calzones de abuelita

El hecho de estar rodeada de mis amigos y mi familia hizo que todo fuera perfecto. Bueno, casi, porque tuve que soportar ver a

Nicole y a Luis tomaditos de la mano, ridículos, bailando con mi música y comiendo de mi comida de quince años. ¡Claro, estaba ardidísima!

Entonces sucedió algo inesperado: conocí a otra persona, a alguien que llegaría a ser uno de mis grandes amores de juventud. La gente suele decir que las cosas pasan por algo, justo en el tiempo en que deben ocurrir, y si no suceden es porque no estaban destinadas a ser. A veces, las personas fundamentales en la vida pasan justo frente a nuestros ojos y nosotros no alcanzamos a descifrar las señales mediante las cuales el destino nos da palmaditas en la espalda para que nos acerquemos a ellas. Así como con Karla, cuya amistad no fui capaz de descubrir hasta que un afortunado accidente unió nuestras almas para siempre, pasaría algo similar con Sorín, aunque nuestra historia estaría muy lejos de ser un amor eterno de esos con los que toda mujer sueña en algún instante.

6

Y llegó el primer... ¿beso?

A Sorín lo conocí al volver de Overbrook, cuando fue a recoger a Denisse, su hermana; ella me lo presentó. Esa tarde, después de las cortesías obligadas entre dos personas que minutos antes eran perfectas extrañas, nunca pasó por mi mente que él se convertiría en alguien tan importante. Sin embargo, durante mi fiesta Luis sí lo notó, o al menos algo sospechó, porque cuando me vio hablando con el hasta entonces desconocido, decidió dejar de jugar a darme celos y hacer algo para empezar a recuperarme. Además, tengo que confesar que —más por venganza que por ganas— yo también bailé bastante con Sorín con el fin de que Luis se sintiera celoso. Bueno, pues lo logré, pero no calculé el alcance de este primer acercamiento con mi flamante amigo. ¿Y quién era ese nuevo personaje en mi vida? Al principio era sólo el hijo de una de las mejores amigas de mamá: un joven modelo, tres años mayor que yo, iba a la universidad, tenía coche, trabajo, era católico, bien educado, deportista —jugaba en el equipo de futbol de la U de G— y magnífico conversador; en otras palabras, un hijo de familia

ejemplar. Mis papás habían escuchado tantas maravillas sobre Sorín que enseguida se convencieron de que él era justamente lo que
yo necesitaba, y no un adolescente de mi misma edad, inmaduro,
impulsivo y todavía sin un plan de vida.

Al siguiente día de mis quince años, Luis terminó con Nicole.
Luego empezó a buscarme y a mirarme como yo lo miraba a él
cuando no se daba cuenta. En cierta ocasión, me fui a pasar unas
vacaciones con mi amiga Bety a Barra de Navidad. Bety, cabe
decirlo, al igual que MaríaU, era prima de Luis, y también lo invitó. Cuando supe que él estaría ahí pensé en todo lo que podría
pasar al mirarnos, en los sentimientos que saldrían a la luz si nos
encontrábamos solos. Estaba segura de no poder resistir las ganas
de estar cerca de él y decirle lo que nunca había dejado de sentir.
Esa semana tuvimos tiempo de ponernos al día y confesarnos que
seguíamos pensando en el otro. Me contó lo celoso que se había
puesto cuando, en la fiesta de quince, me vio bailando con Sorín y
yo le dije cómo había esperado bailar el vals con él hasta el final de
la última canción. Nos reímos como tontos por nuestros temores
sin fundamento y él tomó mi mano suavemente. Ésa era la prueba
de amor que yo había soñado; después vino la declaración, por
segunda vez. Cuando volvimos a Guadalajara, Luis y yo éramos
novios oficiales —otra vez—, pero ahora ante los ojos de Dios, de
Walt Disney, de Nicole, de mis padres y del mundo entero. Como
yo ya me sentía toda una mujer, mi pena de tener novio y la tonta
idea de que los niños eran pecado se había desvanecido por completo. ¡Vaya blasfemia!

En realidad, mi cambio de actitud no fue tan drástico; sólo me
di cuenta de que los niños, lejos de ser sujetos diabólicos, eran
muy simpáticos, se podía platicar y bromear con ellos y algunos
eran guapos. Incluso, unos cuantos, muy pocos, tenían poderes
de atracción y la capacidad de provocar huecos placenteros en el

estómago sin siquiera tocarte, únicamente con un par de palabras o con una mirada tierna, de esas que no sabes cómo describir. Es un milagro la manera como dos personas, de entre millones en el mundo, se encuentran en un espacio y tiempo determinados y así, aparentemente de la nada, una empieza a habitar en los pensamientos de la otra. Eso que llaman *química* se queda corto ante la contradicción de sentir que conoces el alma de quien amas y, a la vez, saber en verdad muy pocas cosas sobre él. De repente necesitas averiguarlo todo: qué le gusta, cuáles son sus sueños, cuánto te quiere, qué lugares frecuenta, qué películas prefiere, qué música escucha, en qué piensa cuando está solo. Mi novio era tan cariñoso, me cuidaba tanto, que una cosa me pareció segura: los hombres no podían ser tan malos.

Seguía siendo recatada y tímida, de buen comportamiento, por lo que pude superar sin problemas el asunto de la mano, pero tampoco llegué tan rápido al de los besos. "Un paso a la vez", pensaba. Una no puede andar descarándose a las primeras de cambio. Por supuesto que seguía imaginando qué se sentiría besar en la boca a un niño, pero no me atrevía a hacerlo, y Luis tampoco. No es fácil que dos personas tímidas se acerquen a donde se regocijan sus pensamientos. De pronto me sorprenden las generaciones de ahora, para las cuales aparentemente todo es tan sencillo, para quienes un beso es sólo un beso, cuando en mi caso y el de mi generación, un beso era todo un acontecimiento. En ese sentido, el primer beso es algo que no puede olvidarse. O al menos así debería ser, así lo soñábamos mis amigas y yo. Las películas que habíamos visto en el cine o en la vieja VHS que teníamos en casa nos hacían recrear en nuestra mente la imagen de un beso espectacular, como el protagonizado por Brad Pitt en *Leyendas de pasión,* o quizás algo más tierno como el de *Mi primer beso,* o quién sabe, tal vez algo más clandestino y emocionante como el que se dan los personajes de *El guardaespaldas*. De cualquier modo, todas soñábamos en cómo sería y qué pasaría después de dar ese gran paso. Para prepararnos, Karla y yo practicábamos el beso con ayuda de un bombón, de los mismos que asábamos al fuego en nuestros viajes a la playa: cada una agarraba el suyo y posaba los labios suavemente en la dulce superficie antes de morderlo, suave y esponjoso. En nuestra imaginación adolescente, aquello debía ser lo más parecido a un beso en la boca. En ese entonces MaríaU ya tenía novio y las tres pasábamos tardes enteras hablando de los métodos y las posibilidades del arte de besar; en mi caso, por primera vez.

Una vez, antes de un partido de Chivas, andaba de juguetona y le dije a Luis:

—Si pierden las Chivas te voy a dar un beso. Y no en el cachete.

Se lo dije como si fuera un castigo para mí. Ahora que me acuerdo de eso, imagino que mi pobre novio cruzaba los dedos y rezaba en silencio para que perdieran las Chivas y llegara su prometido beso. ¿Qué pasó? Pues, en efecto, Dios escuchó sus invocaciones –o decidió ignorar olímpicamente las mías– y las Chivas perdieron aquel partido. Y yo, como siempre he sido una mujer de palabra, me dispuse a cumplir con mi parte de la apuesta.

—Cierra los ojos —le dije, y Luis lo hizo. Incluso me pareció ver como si alzara un poco los labios para recibir su anhelado premio. Entonces tomé su cara entre mis manos y le di un beso tronado… en la frente. Aún puedo ver su expresión de sorpresa y decepción ante lo que consideró una trampa muy baja.

—¡Te dije que no sería en el cachete! —le dije un poco sonrojada, pero se enojó mucho conmigo porque pensó que me estaba burlando de él, y un poco sí, pero no era con mala leche. La broma me costó que me dejara de hablar un día entero.

Los meses que salí con Luis fueron los más felices de aquel tiempo, aunque quizás para él estuvieron llenos de calamidades, porque entonces mis papás pensaban que todavía estaba muy chica para tener novio y no veían con buenos ojos esa relación. Ellos, como todos los padres, consideraban que yo aún era una niña, su niña, y querían protegerme. Al principio les costó trabajo aceptar que empezaba otra etapa de mi vida en la cual ya no había vuelta atrás.

Aunque yo le había levantado a Luis la prohibición de hablarme por teléfono, mis papás no siempre me comunicaban con él cuando llamaba, y si lo hacían era con remilgos y me dejaban ver que no estaban muy emocionados por mi amor adolescente. En un momento dado, a Luis se le ocurrió pedirle a MaríaU que me llamara para así poder hablar conmigo después, pero mis papás descubrieron enseguida la estrategia y terminaron por decirle a mi amiga que yo no podía contestar en ese momento o simplemente no me avisaban que tenía una llamada.

La verdad es que mis papás planearon un complot, el cual después desembocó en un drama de telenovela adolescente, porque ambos —y no era un secreto para nadie— querían que mi novio fuera Sorín, en quien veían a un mejor partido: como era hijo de amigos cercanos confiaban cien por ciento en él, sabían cuál era su educación y maneras. Efectivamente, había una relación muy cercana entre nuestras familias, tanto que a la mamá de Sorín yo la llamaba tía Anis, y lo sigo haciendo porque, hasta hoy, es una mujer a quien adoro, una de las personas más cercanas a mi corazón. Sin embargo, en ese momento yo tenía la certeza de que mi media naranja era Luis.

En ese entonces, la única manera de ponernos en contacto era mediante el teléfono fijo de la casa y a través de los amigos. Todo hubiera sido infinitamente más fácil si yo hubiera ido a una

Algunos consejos y *observaciones para papás*

- Hay que aceptar a nuestros hijos como son y no querer cambiarlos según nos gustaría que fueran
- No podemos, por más que queramos, construir sus sueños
- No podemos evitar que sufran
- Debemos confiar en ellos y acompañarlos sin asfixiarlos

escuela mixta y los dos fuéramos compañeros, pero no éramos ni vecinos; nuestras posibilidades de comunicarnos eran contadas y mis papás se encargaban de complicarlas todavía más. Tal vez esa incomodidad contribuyó a que nuestro noviazgo fuera algo emocionante y hasta prohibido.

Sin embargo, llegó un momento en que el empeño de mi familia comenzó a pesar en nuestra relación. Mi mamá hablaba tan bien de Sorín, de sus cualidades y de lo bueno que era, que la duda nació en mí. ¿Y si fuera verdad? Yo no había vuelto a platicar con él desde mi fiesta de quince, aunque habíamos coincidido en algunas reuniones familiares. Aun así, su nombre se mencionaba en mi casa no pocas veces. ¿Y si me estaba perdiendo de algo mejor y más hermoso por estar enamorada de Luis? Estaba entre la espada y la pared, o dicho de otra manera: entre la presión familiar y mis verdaderos sentimientos. No quería decepcionar a mis papás, pero tampoco podía ocultar o negar ante mí misma de quién estaba enamorada. Igual que la primera vez, no fui capaz de soportar la situación, y sí, volví a terminar con Luis cuando llevábamos seis meses. Me dolió mucho porque, aunque mi determinación demostrara lo contrario, el sentimiento era quizás más fuerte que nunca. No supe explicárselo porque ni yo misma lo comprendía, era una lucha sumamente compleja la que libraba en mi interior.

Aquella tarde lo cité en mi casa para despedirme formalmente de él. Como no sabía de qué otra forma compensar el dolor que le causaba, le pedí que cerrara los ojos y, entonces sí, le di un beso en la boca, pero no tuvo nada que ver con los que había visto tantas veces en las películas y en mi imaginación, más bien fue uno triste, de despedida. Fue sólo un pico en los labios, nada legendario ni grandioso, no hubo música alegórica ni triste de violines al fondo. A pesar de todo, yo sentí mil cosas cuando nuestros labios se tocaron. Conocía mis sentimientos y emociones por él, aunque tuviera sembradas ciertas dudas; con todo, yo quería que mi primer beso, fuera como fuera, tuviera su recuerdo y su nombre. Curiosamente, ese beso, el que debió haber sido épico, quizás el inicio de un romance de película, fue más bien de adiós; no obstante, fue cuando me sentí emocionalmente más cerca de Luis. Mis entrenamientos con bombones quedaron atrás, descartados por completo. El beso con Luis fue el hermoso cierre de una bonita relación que no pudo ser más que un amor inocente de juventud, pero vivido con toda la intensidad de la que fuimos capaces. Tal vez si hubiera decidido darle ese primer beso cuando aún éramos la pareja mágica todo habría sido diferente, pero no ocurrió así y fue eso lo que lo hizo especial, tan lejos del lugar común, tan diferente y tan melancólico. Sin embargo, la historia con Luis no acabó ahí, porque lo peor, y otras situaciones, estaban por venir.

7

Con melón o con sandía

Cuando terminamos empecé a salir algunas tardes con Sorín a fin de complacer a mi familia. Para mí simplemente suponía una amistad, aunque él, obviamente, ya estaba en plan de conquista. Yo lo sabía, pero estaba lejos de aceptarlo. Intentaba darle una oportunidad y dármela a mí, permanecer abierta a la posibilidad de enamorarme. No lo sabía, quizás mis papás no estaban equivocados y en verdad él era la mejor pareja que podía tener; pero las semanas pasaban y en el fondo de mi corazón sabía que a quien quería era a Luis. Un día me di cuenta de que debía recuperarlo a como diera lugar. Ahora sí estaba plenamente decidida.

Antes de la fiesta de quince años de Dani Borja, una de nuestras amigas, le pedí a Karla que le dijera a Luis que yo lo quería, que por favor fuera a la fiesta y ahí podríamos hablar. Mi plan era perfecto, porque también le había pedido a la quinceañera que no le diera boleto a Sorín y se encargara de que nadie pudiera darle uno. Aquélla debía ser la noche de nuestra reconciliación. Lo había planeado todo en mi cabeza, había pensado en las palabras que iba a decirle y en las que él me respondería. Y ahí, en ese momento, después de arreglar el malentendido, nos daríamos un tierno beso, el que tantas noches antes de dormir había imaginado. Volveríamos y seríamos felices, ya lo había visto: éramos el uno para el otro.

Pero entonces, el destino, que gusta de mover los hilos cuando uno piensa tener todo bajo control, hizo que aquella noche las cosas salieran justo al revés de lo que había planeado. De alguna manera, el tenaz Sorín consiguió un boleto. Y dio la terrible casualidad de que, sin darme cuenta y justo en el momento en que la luz caía sobre la entrada del University Club, entró junto a mí, como si premeditadamente hubiéramos llegado juntos, a la manera de una feliz pareja. El primero en notarlo, obvio, fue Luis, quien se puso como loco, y con razón, al pensar que yo lo había humillado. El ofendido estalló contra Karla, que sólo era la mensajera.

—¿Para qué me hiciste venir? Yo ni siquiera tenía planeado estar aquí, todo para qué, ¡para que Jacky me haga parecer un estúpido! ¡Qué manera tienen de burlarse de la gente!

Al mismo tiempo, Sorín me dijo que quería hablar conmigo. Yo pensaba: "Genial, de una vez hablo con él para decirle gracias y dejarle claro que sólo podemos ser amigos, porque voy a andar con Luis". Pero una de las virtudes de Sorín era precisamente su buen manejo de la retórica; así que mientras yo, en mi mente, intentaba encontrar un silencio o un espacio para escabullirme y cumplir la misión de recuperar a mi amado, por fuera proseguía la conversación con mi pretendiente, y poco a poco, casi sin darme cuenta, me dejé llevar por la plática y, entre risa y risa, Sorín me acorraló:

—¿Cuánto tiempo llevamos de ser novios?

—Que yo sepa, nada —le contesté rotunda, aunque a punto de flaquear.

—¿Qué te parece si empezamos a contar desde ahorita?

Parecerá increíble, pero no supe, no pude, decirle que no. Pocos minutos después, fui a donde estaban mis papás para darles la noticia.

—Mamá, ¿no me vas a felicitar? —pregunté.

—¿Por qué?

—Porque cumplí tu deseo: Sorín y yo ya somos novios.

Ella no me creyó. Pensó que era una broma dicha para tomarle el pelo, hasta me preguntó por qué le mentía en una cosa como ésa, porque sabía que yo quería regresar con Luis, pero cuando logré convencerla de que era verdad, no cabía en sí de gusto. Me abrazó fuerte, como si le acabara de decir que se había ganado la lotería. Cuando fui a buscar a Luis para explicarle que había decidido darle una oportunidad a su rival, él estaba enfurecido y no me dejó ni pronunciar una disculpa. Con toda razón me acusó, me gritó que me había burlado de él y, finalmente, explotó:

—¡En tu vida me vuelvas a hablar!

Cuando uno se refiere a las primeras veces, tiende a hablar de descubrimientos. El primer niño que me gustó fue Charly; mi primer novio, el primero de quien me enamoré, fue Luis Cortés. Sin embargo, el que se convirtió en mi primer amor fue Sorín, quien parecería el malo de la película, con él tuve mi primera relación seria.

La ruptura con Luis en aquel momento nos causó un gran dolor a ambos. La historia que los dos queríamos continuar se vio truncada por mis titubeos y por los planes de mis padres, pero también el destino se encargó de acomodar cada pieza en su lugar.

Los años de la primera juventud están tan llenos de gozo y sensaciones nuevas, que al principio no sabes manejar; descubres actitudes en ti mismo y pensamientos que no sabías que existían, tomas conciencia de tu cuerpo y de tu alma. Cometes errores, aciertos y te reconoces en los ojos de otro; entonces sabes que, pese al tiempo y la distancia, las personas destinadas a estar juntas terminan por encontrarse pase lo que pase. También aprendes a aceptar que cuando una relación termina, lo mejor es ser sincero contigo mismo y dejarla ir. Puedes engañarte durante algún tiempo, pero nunca mentirle al corazón, pues por más que sea un músculo, no sólo está lleno de sentimientos opuestos y comunes, sino de una misteriosa sabiduría.

Así, las tristezas de un día se convierten en la experiencia de los años. Y a mí, en cuanto a experiencias, aún me faltaba vivir las más intensas, precisamente con aquel nuevo personaje en mi vida: Sorín.

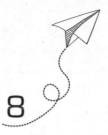

Ni tan *príncipe* ni tan sapo

Cuando empezamos a ser novios, Sorín tenía dieciocho años y yo quince, casi dieciséis. Al principio tenía mis dudas, porque mi amor por él no partió de uno de esos flechazos que te dejan sin palabras y hacen que te suden las manos y te tiemblen las piernas como espagueti cada vez que ves a lo lejos al motivo de tus desvelos. La cosa fue más bien de la manera en que uno menos se lo espera: un joven a quien tus padres adoran pero por quien tú no puedes sentir nada porque tu corazón pertenece a otra persona, pero que poco a poco se va metiendo cada vez más hondo en tus pensamientos. Lo de Sorín fue uno de esos cariños que van creciendo paulatinamente en tu alma, como una enredadera, hasta que llega el momento que ya no puedes ni quieres estar en ningún otro lugar más que junto a él. No me cuesta trabajo admitir que, después de todo, mis papás tenían razón en querer vernos juntos. Ellos, por supuesto, estaban felices con mi relación y mis amigas, a pesar de que querían a Luis, pues era parte del grupito, no pudieron evitar tener simpatía por mi nuevo novio. Cuando tienes quince años, es una hazaña que un chico de dieciocho se enamore de ti. Además, en verdad era el tipo más agradable: siempre tenía buena plática, nos hacía reír, nos llevaba a mis amigas y a mí a pasear en su coche, nos invitaba al cine y él pagaba las palomitas, nos conseguía los mejores lugares para los conciertos a los que todo mundo se moría por ir; en resumen, era encantador. No era el galán de película como entonces Luis me lo parecía a mí, pero era muy atractivo y atlético, era lo que llamábamos *cool*, además de que amaba el futbol igual que yo, no salía de antro cada fin de semana, no tomaba, y teníamos mil cosas más en común. No por puro capricho duramos juntos cinco años.

Si al principio había estado indecisa, él se encargó de quitarme las dudas con sus detalles, su manera de preocuparse por mí, protegerme y, en fin, con el gran amor que sentía por mí y que no tardé mucho en corresponder, dejando atrás cada vez más borroso el recuerdo de mi primer amor. Siendo estrictos, Luis fue mi primer beso, pues fue el primero cuyos labios tocaron los míos, y aunque el momento tuvo cierta dosis de tragedia, fue tierno y bello. Pero el primer beso en serio, de amor apasionado (al menos para mi edad y mi corta experiencia), fue con Sorín. Si pudiera verlo ahora, probablemente lo consideraría sólo como un beso de telenovela, pero en aquella circunstancia me pareció un auténtico viaje a la luna y de vuelta a la tierra. El beso tuvo todas las implicaciones de la convención francesa de los besos, al menos para mí, porque hasta entonces yo jamás había experimentado nada parecido y lo que hacía en mis prácticas de bombones era juego de niños en comparación, como un astronauta que quiere llegar a la luna y no alcanza ni los diez mil metros de altura. Llevábamos apenas un mes de novios. Él sabía lo penosa y reservada que era yo, por lo cual las cosas se dieron lentamente. Durante esas primeras semanas, no nos habíamos besado; yo apenas me estaba acostumbrando a él.

Cierto día fuimos a un concierto de Luis Miguel, por quien mis amigas y yo moríamos. Sorín nos invitó a Karla y a mí, y fuimos en bola con otros del grupo. La Garnica y yo nos volvimos locas, nos subimos en las sillas y coreamos las canciones que tanto cantábamos en la casa con el estéreo a todo volumen: "Entrégate", "No sé tú", "La incondicional", "Será que no me amas". Después del concierto, Sorín pasó a dejar a mi amiga a su casa y me llevó a la mía. Me acuerdo del momento como si lo estuviera viendo en una película romántica: estábamos en el garaje de mi casa, yo recargada en el coche, en medio de ese silencio que precede al excitante contacto entre dos personas que lo desean con todas sus células y, de repente, Sorín se acercó a mí, dulce pero decidido, y me dio un beso que me hizo temblar. ¿Qué era aquello? ¡No sabía que alguien pudiera sentir eso! No sabía que así eran los verdaderos besos, aquéllos capaces de poner tu mundo de cabeza, los que te descubren una nueva dimensión del significado de estar unido a alguien; los besos profundos, suaves y, a la vez, apasionados. Esa noche, por vez primera comprendí todo lo que cabe en un beso, esa íntima fusión de dos corazones. Una ola de calidez efervescente subió desde mis pies, trepó por el estómago y me recorrió el espinazo; la piel se me puso de gallina y me sentí perdida, agradablemente perdida en esa extraña sensación.

También, como en todas las parejas, había cosas que no nos gustaban del otro. Por ejemplo, él era muy celoso. Si alguna vez yo me ponía una minifalda o un short, me decía:

—Yo no salgo contigo así a la calle.

Y yo, por complacerlo y evitar una discusión, en lugar de lanzarle un: "Número uno: ni mi papá me dice eso y, número dos, pues no salimos, chaparrito", iba a mi recámara y me cambiaba de ropa. Mi mamá, cuando se daba cuenta de cosas como ésa, se enojaba muchísimo.

—¡Cómo que te cambiaste! ¿Tú crees que yo te hubiera dejado salir a la calle si fueras vestida de manera indecente? —me regañaba y no sé si de pronto se reprochaba lo de Luis.

Bien dicen que el hombre llega hasta donde la mujer quiere, y eso aplica en todos los sentidos. Si yo desde el principio hubiera dejado claro que esas actitudes no iban conmigo, quizás él habría respetado más mi forma de conducirme, la cual además estaba lejos de ser impropia. Sin embargo, ése es el tipo de cosas que no puedes aprender más que cuando las vives en carne propia. Una pareja no es una posesión, sino una persona que camina contigo de la mano y te apoya en las buenas y en las malas.

¿Qué hacer con un novio celoso?

- Establece acuerdos donde queden claras las cosas que estás dispuesta a negociar y las que no. Cuáles son los sí, los no; y cuáles entran en un espacio de negociación
- O, si puedes, ¡corre! ¡No salgas con un celoso, será una tortura tu vida!

A pesar de que mis papás adoraban a mi novio, pocas veces nos dejaban salir, y siempre con chaperón. Por lo general pasábamos el tiempo en mi casa. Cuando cumplimos un año, nos dieron permiso de ir de noche al McDonald's con Karla y con Alfredo, el mejor amigo de Sorín —y hasta la fecha también uno de mis amigos más queridos—; una vez ahí, él y yo nos escapamos para festejar nuestro aniversario en el Suehiro, dejando a los dos chaperones comiendo nuggets, conos de vainilla, y todavía les dio tiempo de tomar una Coca-Cola. Otra noche se nos antojó cenar unos tacos de lengua, que a los dos nos fascinaban, en el lugar de siempre:

Tacos Providencia. Le pedimos permiso a mi mamá de ir solos, pero ella, siempre estricta, mandó a Teresita del Niño Jesús, que estaba limpiando la cocina, a acompañarnos, y de chef –especialista en los mejores chilaquiles del mundo– pasó a chaperona.

Con aquel gran amor viví muchas de esas primeras veces que uno, ya de adulto, suele recordar con una sonrisa impregnada de nostalgia. Desde mi primer amor verdaderamente serio hasta –¿por qué no?– la primera vez que se me subieron las copas hasta la conciencia. Tengo que aclarar que no tengo vicios: no me gustan ni el cigarro ni el alcohol. Mucho menos los borrachos. Hay personas a quienes les gusta el trago y otras a las que no. Yo, en definitiva, soy de las segundas.

Un día, cuando acababa de cumplir los dieciocho, mi mamá me dejó ir a un viaje que organizamos a Mazamitla con la pandilla de amigos. Entonces no mandó a Teresita del Niño Jesús ni a ningún otro chaperón, porque iban los papás de Marifer Morales. Entre los amigos iban MaríaU, Sorín, Ana Paula, Diego (novio de MaríaU), Javier Salgado y Alfredo; Karla no fue esa vez. Los niños se quedaron en una cabaña y las niñas en otra; éramos adolescentes exageradamente bien portados, o bueno, éramos bien portados para la edad que teníamos. Sorín, como ya dije, no tomaba, pero el ambiente, la noche, la fogata, la libertad, los bombones asados, las bromas y las risas propias de la edad y de una reunión así, la ligereza de sabernos a nuestras anchas y una modesta rebeldía, pudieron más que su sana costumbre.

Mis amigos se pusieron a jugar un juego de preguntas y el castigo para el que respondía mal era tomar una bebida. Sorín ya se había equivocado varias veces, no sé si a propósito o de verdad, pero cuando me di cuenta de que mi novio estaba de lo más alegre, igual que hacía con mi mamá y sus cigarros, comencé a arrebatarle las bebidas de castigo, aventaba el alcohol al suelo y le devolvía el vaso vacío. Entonces Alfredo se enojó conmigo y me pidió que dejara de hacer eso; como no paré de quitarle las bebidas a Sorín, me retó a contestar por él y, en venganza, se las ingenió para que contestara mal. ¡Y misión cumplida! Mi tolerancia al alcohol era igual a la de una hormiga, por lo que a los tres tragos me fui para atrás, completamente perdida. No recuerdo muy bien qué pasó después, lo que sigue lo reconstruyo con base en los testimonios de mis amigos, porque yo, desde ese momento, no supe más de mí. Cuando Sorín me vio, rápido intentó levantarme, pero no pudo, así que fue Javier quien se hizo cargo de mí y me llevó hasta el cuarto. Una vez en la cama, Ana Paula, Marifer y MaríaU trataron de quitarme la ropa para ponerme la pijama, pero yo me retorcía, manoteaba y gritaba como endemoniada que no tocaran mi ropa, que me dejaran como estaba. Ese día no pudieron hacer nada por mí y yo, como un gran cliché de película de los bajos fondos, terminé dormida abrazada del escusado.

El siguiente día fue el infierno. Sufro migraña desde los trece años y ese abominable despertar puso a prueba mis límites. No necesité más para prometerme no volver, jamás en la vida, a ponerme otra borrachera. Cuando regresé a casa, mi cara estaba más pálida que un mármol renacentista. Mi mamá, sorprendida, me preguntó si me encontraba bien.

"¡No me veas!", respondí y fui a encerrarme a mi recámara para dormir hasta el día siguiente. Naturalmente, me moría de vergüenza de tan sólo imaginar que mi mamá me hubiera visto en ese estado de destrucción. Sorín me visitó y, entre sus cuidados de novio preocupado, no pudo reprimir una que otra risita socarrona. Está de sobra mencionar que mis amigas no pararon de recordarme, cada que se presentaba la ocasión, aquel episodio embarazoso. Pero, la verdad, pese a todo, ¡cómo me divertí en aquel viaje!

¡Cuidado con el alcohol!

- Nunca tomes sola
- Aprende a tomar para divertirte y no para arruinarte o arruinarle a tus amigos la noche
- No mezcles los diferentes tipos de alcohol
- Aprende a reconocer cuando tu cuerpo te dice "hasta aquí"
- Que siempre te abran lo que vayas a tomar en la mesa
- Hazle saber a tus amigos que si dices "no" es *no*

Las peleas con Sorín no eran frecuentes y en general teníamos una relación muy linda y llena de amor. Yo intentaba hacerlo feliz siempre que podía y él era muy detallista conmigo, aunque la sombra de los celos nunca se desvaneció por completo. Una vez consiguió boletos para ir a ver a Alejandro Fernández en el palenque. Karla y yo moríamos por *el Potrillo*, que estaba en sus mejores años y era el galán de moda de la música. Al final Sorín no pudo ir porque tenía partido con la U de G y sólo fuimos Karla, Alfredo, Ana Paula, Marifer y yo; nuestros asientos estaban hasta adelante, en la sexta fila o algo así. En el palenque, los que van a ver las peleas de gallos se sientan en la primera fila, pero en los conciertos no se quedan, así que, cuando empezó la música, Karla y yo nos bajamos y quedamos lo más cerca posible del guapísimo Alejandro. En un momento en el que pasó cerca de nosotras, captamos su atención e hicimos que se acercara; además de invitarle un trago de tequila, cuando lo tuvimos enfrente no nos pudimos aguantar y le dimos un beso en cada mejilla. ¡La que se me armó cuando Sorín se enteró! Porque él se enteraba de todo, y no es que fuera malo —¡era Alejandro Fernández!—, simplemente no le parecía adecuado que su novia anduviera regalando besos en el cachete, aunque fuera al ídolo del momento.

Una de nuestras grandes peleas fue aquella en la que yo, la verdad, no tuve nada que ver porque no regalé miradas ni mucho menos besos. Esa noche, Sorín estaba en sus cinco minutos de mal humor y habíamos ido en bola a una fiesta en el Hilton. Él estaba de un ánimo terrible, me ponía caras a cada rato y me hablaba con monosílabos mientras yo sólo intentaba pasarla bien. Karla iba a quedarse a dormir esa noche conmigo y mi mamá nos había dado permiso de regresar hasta las dos de la madrugada. Al final de la noche, Sorín nos pasó a dejar a la casa y se fue con una seca despedida.

Al entrar en la recámara, sobre todo después de una fiesta, daba inicio uno de los rituales de belleza que los hombres jamás comprenderán aunque se los expliquemos mil veces, de igual importancia que la elección del outfit, el maquillaje o el peinado: el acto de desmaquillarse. Para mí estos ritos eran sumamente importantes.

Consejos para desmaquillarte y limpiarte la cara

- Toma una toallita y échale desmaquillante de ojos
- Lava la cara con un jabón especial
- Pásate un algodón con tónico por todo el rostro y, repite la operación hasta que salga impecable
- Ponte crema de noche para humectar. Aquí es importante, para mí, que humecte mucho y no me importa si la cara me brilla, pues nadie lo notará

Llevaba mi perfeccionismo a todos los niveles de la vida, y el aspecto físico no era la excepción. Escogía mi ropa meticulosamente, con especial atención en los accesorios que más me favorecían, y buscaba los cosméticos más espectaculares para cada ocasión, aunque mis dotes para maquillarme, la verdad, dejan mucho que desear. El tratamiento facial de limpieza nocturna era obligatorio. Podía haber un cataclismo planetario y la casa se habría podido venir abajo, pero yo, salir de la casa desarreglada o irme a la cama maquillada y sin mis cremas, ¡jamás! El numerito duraba alrededor de una hora. Así que, aquella noche, tras la fiesta de Sandy, cuando Karla y yo nos estábamos untando la crema y buscando el algodón, de repente escuchamos música de mariachi afuera de la casa:

> *Me gustas completita, tengo que confesarlo*
> *nomás al saludarte me da el mal del amor*
> *me brotan los deseos, me tiembla todo el cuerpo*
> *y lo que estoy pensando no se puede decir.*

Karla y yo nos miramos sorprendidas. Mi mamá entró a mi cuarto con una risita pícara. Como queríamos seguir escuchando, para dar a entender que estábamos emocionadas, empezamos a prender y a apagar la luz como si estuviéramos en la disco.

—Seguro Sorín se dio cuenta de que estuvo insufrible en la fiesta y regresó a pedir disculpas —le dije a Karla. ¡Era la primera vez que me llevaba serenata! Estaba encantada de la vida.

> *Me gustas para todo, con todos los excesos*
> *nomás de imaginarme se me enchina la piel*
> *qué imágenes tan bellas me cruzan por la mente*
> *y me estorba la gente, verdad de Dios que sí.*

"¡Qué atrevido!", pensé en ese momento, pero en el fondo me sentía fascinada, y a la vez un poco apenada de que me cantara esas cosas con toda mi familia y vecinos escuchando. Pensándolo bien, era bastante raro. No era precisamente algo que él haría. Sí llevarme serenata, pero no con una canción así. En todo caso una de perdón o de reconciliación. Mi mamá y mis hermanos saltaban de emoción (bueno, a mi hermano Jesús no le importaba nada, jajaja), probablemente sin prestar atención a la letra, y me preguntaban a qué hora saldría a recibir al novio arrepentido.

> *¡Lástima que seas ajena y no pueda darte lo mejor que tengo!*
> *¡Lástima que llego tarde y no tengo llave para abrir tu cuerpo!*
> *¡Lástima que seas ajena, el fruto prohibido que jamás comí!*
> *¡Lástima que no te tenga, porque al mismo cielo yo te haría subir!*

¿Por qué Sorín cantaba esas cosas? ¡No era ajena! ¡Era su novia! Claro, a menos que…

Karla y yo nos asomamos a la ventana y, sólo entonces, después de la *prendedera* de luces, nos dimos cuenta de nuestra terrible equivocación: ¡no era Sorín! ¡Era David de Anda!, quien, en la fiesta de Sandy, no me había quitado los ojos de encima a pesar de mi indiferencia.

—¡Híjole! —soltó Karla con tono de preocupación—. Ahora sí, la que se te viene, Jacky.

Nosotras habíamos pasado media canción con las luces como estroboscopio. Obviamente, cuando nos dimos cuenta del error, apagamos todo y esperamos a que los mariachis desvelados –y probablemente, a esas horas, ya un poco ebrios– se dieran por vencidos y se retiraran, que todos hiciéramos como si no hubiera pasado nada y a dormir. "Total, mañana será otro día", pensé. Tocaron todavía dos o tres canciones más y, como no salió nadie, se dieron a la fuga, derrotados y sin ilusiones.

Al día siguiente, pensé que igual podía ocultar lo sucedido a Sorín. Era poco probable que fuera a enterarse, pero decidí contárselo porque considero que cualquier relación auténtica se basa en la confianza mutua, y para que la haya no deben existir secretos. La sinceridad define en gran medida los vínculos que nos unen a las personas que queremos, es el cimiento que hace posible construir algo que pueda en verdad llenarnos el espíritu y alimentarnos el corazón. Las cosas que ocultamos, a la larga, se acumulan como una bola de nieve que después, cuando ya no podemos contenerla, termina por aplastarnos. En el caso de la serenata, yo era la más inocente. No tenía nada de qué preocuparme. O eso pensaba. Cuando Sorín pasó por mí, lo primero que hice al subirme al coche fue contarle lo ocurrido. Al contrario de lo que yo esperaba, él no sólo se enojó conmigo, sino que me obligó a hablarle al descarado noctámbulo para reclamarle "la enorme falta de respeto que había cometido hacia mí". El auto de Sorín era uno de los primeros a los que podías conectar el teléfono y encender el altavoz, así que, ahí mismo, en ese instante, frente a él, tuve que marcarle a David y regañarlo, como si fuera su mamá, por haberme llevado serenata sabiendo perfectamente que yo tenía novio. ¡Pero si él sabía que yo era ajena, ése era el tema! Sólo así, y con reservas, Sorín se tranquilizó.

Confieso que, a pesar de que me enamoré de Sorín como de nadie hasta ese momento, siempre me quedó la espinita del romance frustrado con Luis. El error que cometimos fue que no dimos un cierre definitivo y de mutuo acuerdo a nuestra fugaz y complicada historia. Cuando salí de la preparatoria, mis papás decidieron mandarme a estudiar a Francia para aprender francés.

Unos días antes de irme, me encontré con Luis en el cine de la Plaza Millenium. Cuando me vio fue a saludarme; platicamos un rato y me dijo que teníamos una conversación pendiente. Quedamos

A veces el ruido de fuera no deja pensar y descubrir lo que uno verdaderamente quiere. Así que para ser más asertiva es mejor que te tomes el tiempo de preguntarte lo que realmente quieres. Si de plano no está alineado con lo que los otros pretenden, ten el valor de decírselos. También puedes cuestionarles por qué creen que eso es lo mejor para ti, pero lo más importante es que nunca cortes la comunicación con las personas que te quieren y te dan consejos —aunque a veces no sean los que tú necesitas.

de vernos en un café al día siguiente. Nunca dejé de sentir remordimiento por lo que le había hecho, y tener una última charla con él, según yo, me daría la oportunidad de cerrar el ciclo y saldar mis cuentas pendientes. Habían pasado casi tres años desde la última vez que nos vimos, cuando me había mandado muy lejos por creerse burlado. La plática empezó con un saludo cordial, como dos amigos que han estado mucho tiempo separados, pero que, al reencontrarse, reviven en un instante la historia que los unió. Me puse nerviosa porque la situación había cambiado en extremo. Yo tenía un novio al que amaba, una relación estable, seria y llena de amor. A pesar de eso, los viejos sentimientos arrojaron sus sombras y luces sobre mi mente llena de memorias. Recordé cómo se me había declarado las dos veces, cuánto lo había querido, cómo me había dolido nuestra ruptura, las mariposas que me revoloteaban en el estómago cada vez que pensaba en él. Entre risas melancólicas nos pusimos a hablar de aquellas tres condiciones que yo le había puesto para que fuéramos novios cuando apenas teníamos catorce, de aquel beso con los ojos y los labios cerrados, de la fiesta de Dani Borja.

Él me miraba como en aquellos años, y yo no sé de qué manera lo miré, porque poco a poco fuimos bajando el volumen de la conversación, hasta que Luis me dijo:

—¿Sabes? Nunca pude quitarme las ganas de hacer algo.

—¿Qué cosa? —respondí con un poco de temor.

Y entonces él me besó sin que yo pudiera hacer nada al respecto. Era algo que los dos teníamos atorado en el corazón. No pudimos guardarnos las ganas y los recuerdos pudieron más. Obviamente, después de aquel beso, a pesar de que yo sentí que había pagado mi deuda con Luis, también me sentí culpable con Sorín, aunque nunca se lo confesé. Después no volvimos a vernos ni quedamos en nada. Fue sólo un momento, volvimos a ser dos viejos conocidos a quienes unen sólo los recuerdos.

En cuanto a Sorín, yo no quería irme a Europa con una relación a distancia. Estaba demasiado joven, quería ver y vivir, conocer cosas y personas por mi cuenta sin tener que cuidarme las espaldas por hacer algo que a Sorín le pareciera dudoso o incorrecto, sin tener que justificar mis acciones y tranquilizar sus celos, así que fui a hablar con él para pedirle una pausa durante ese año. En el fondo tenía la esperanza de que aceptara, porque estaba segura del gran amor que sentía por mí. No era que yo no lo quisiera, lo adoraba, pero creía que lo sano era no dar pie a sospechas debido a la distancia, que cada quien viviera lo que tenía que vivir y, después, reencontrarnos. Sin embargo, cuando estuve con él, la escena que habían vivido mis papás hacía más de dos décadas se repitió al pie de la letra, casi con el mismo diálogo. Creo en los misteriosos hilos que el destino teje a escondidas de nosotros. A veces parece que la vida nos pone pruebas de linaje que cada generación debe superar para probarse a sí misma, instantes decisivos en los cuales determinamos nuestro futuro, o eso es lo que creemos. Quién sabe, quizás ya todo esté escrito. Apelando a las posibilidades, platiqué con Sorín sobre lo que nos esperaba.

—Si te vas, terminamos aquí —me dijo en tono tajante—, no vuelves a saber de mí jamás en tu vida.

95

Me quedé callada unos segundos. Pensé seriamente en el fin de nuestra relación. Francia me esperaba y yo apenas tenía dieciocho. Si Sorín me quería, tendría que esperarme. Yo necesitaba vivir y ver el mundo.

Algunos guiños para distinguir a un manipulador

- Siempre te hace sentir culpable
- Sólo le importa lo que le sucede y pocas veces tiene espacio para interesarse en tus cosas
- El amor es unidireccional en lugar de bidireccional
- Eso sí, el chiste está en no morder el anzuelo. ¡No te conviertas en clienta! Una vez que descubres que es un manipulador, observa tus reacciones para que puedas romper con el círculo vicioso

9

France, mon amour

Una de las características más notables de mi personalidad en esos años era la complacencia. A veces, sólo por no crear conflicto, aceptaba cosas o circunstancias con las que no estaba de acuerdo, como cuando terminé con Luis porque Sorín no aceptaría un no por respuesta cuando me pidió que fuera su novia, como cuando me cambiaba la ropa porque no le parecía bien o como cuando tuve que regañar a David de Anda por cantar al pie de mi ventana. La amenaza de Sorín hizo efecto en mí. Sin embargo, esta vez no fue tanto por complacencia, sino porque la idea de perderlo para siempre me pareció insoportable. No me gustó verme orillada a tal extremo, pero tuve que elegir forzosamente, así que decidí continuar. Nadie debería verse en este tipo de situaciones, sobre todo cuando quien plantea las opciones es la persona que uno ama. Con el tiempo entendí que las relaciones más fuertes, las más duraderas, son las que se basan en la intención pura y libre de estar con quien hemos escogido, porque el amor es la suma de dos voluntades. De lo contrario, forzar una unión termina eventualmente por romperla. El mundo no es blanco o negro. El sabor de la vida está en poder elegir nuestros propios matices, en recorrer ese largo camino que hay entre todo y nada.

Complacer a otros puede tener su parte bonita, pero cuando se vuelve un hábito llega a ser muy peligroso. Cada vez que vayas a complacer a alguien, pregúntate:
- Cuando decides complacer, ¿qué estás evitando confrontar?
- ¿Qué es lo que no te atreves a enfrentar de ti misma?
- ¿A qué medio le estás entregando tu poder?
- Recuerda: cuando la complacencia tiene un efecto negativo, entonces dejas de serte fiel

Sorín era un hombre sumamente inteligente. Su uso de la retórica era excepcional, y así como podía tenernos horas enteras riendo a carcajadas con sus ocurrencias y su sentido del humor, también sabía cómo convencer a quien fuera y salirse con la suya. No sólo continuamos la relación a distancia, sino que sus papás mandaron a su hermana a la misma escuela a la que yo asistiría. Me subí al avión con rumbo a París en septiembre, pocos meses después del Mundial de Francia de 1998, con libros de francés, ropa de invierno y cuñada incluida. Denisse había estado también en Overbrook conmigo y era parte del grupo con el que siempre salía, así que no iba necesariamente en plan de hermana celosa, sino que éramos amigas desde hacía varios años.

La escuela estaba en Tours, en uno de esos típicos edificios franceses de granito con enormes portones de herrería negra. La ciudad conjugaba la tradición, que tanto enorgullece a los europeos, con la modernidad, en un ambiente estudiantil y desenfadado, aunque a la vez serio y ordenado. El aire era limpio, las banquetas anchas y el río Loira mecía la ciudad con su constante arrullo acuático, no existía la cantidad de ruido que llena las ciudades mexicanas, pero tampoco los puestos de jugos y tacos que abren el apetito en cada esquina. Las normas son muy importantes para los franceses: sólo puedes cruzar la calle por los lugares indicados y no debes tirar basura, como tendría que ser en todas partes. El clima, en verano, era benévolo y festivo, pues el sol se mete a las nueve o diez de la noche, pero en invierno, cuando oscurece a las cinco de la tarde, el alma se te congela tanto que tienes ganas de morir de tristeza.

Nos alojábamos en un *foyer*, una residencia para estudiantes extranjeros que estaban por allá básicamente para estudiar francés. Podíamos entrar y salir a voluntad, no era un internado, era más bien como una pensión. Durante los primeros tres meses, el curso de francés estuvo lleno de mexicanos —entre ellos Lourdes García Abascal, la que se había llevado la (mi) Integra Mulier en Overbrook—, por lo que casi no practicábamos el idioma, pues apenas salíamos de clases empezábamos a hablar, obviamente, en español.

Nuestras habitaciones constaban de una cama, escritorio, clóset y baño con regadera. La cocina era comunal; todas las mañanas nos sentábamos como una familia en grupos de ocho o diez en una larga mesa de madera rústica, con dos bancas, a saborear nuestro sabroso y sencillo desayuno, muy francés: una baguette deliciosa recién salida del horno, con mantequilla derretida, mermelada de fresa o de chabacano y chocolate caliente.

La escuela en la que estudiábamos quedaba justo enfrente: el Institut de Touraine, el mismo donde mi mamá había aprendido francés décadas atrás. Era una casona con pasillos estrechos, en cuyos lados estaban los salones de clase. Cuando mi madre estuvo ahí, se tomó una fotografía en un puente sobre el Loira, que atraviesa la pequeña y pintoresca ciudad de este a oeste; apenas llegué, me tomé una foto en el mismo lugar y en la misma pose que ella. Ambas guardamos esas fotografías, con la fecha de nuestras respectivas estancias, y luego las pusimos en la misma página del álbum familiar, la de ella arriba y la mía abajo. Otra de las costumbres que mi mamá adoptó mientras estuvo en Francia fue la de entrar a cuanta quesería encontraba y probar distintos tipos de quesos. Yo, claro está, la imité. Los días eran una delicia. Entre el desayuno de *eclairs au café*, el queso, las crepas, los brioches, las quiches y cuanta maravilla encontraba en las cartas de los típicos *bistrots* que había en cada esquina, no me pude contener y comí cuanto pude. Además, iba diario al mercado central y compraba cerezas. Jamás en mi vida he probado cerezas más ricas y grandes que las de ahí. En pocas palabras, de septiembre a diciembre me comí Francia azucarada entera.

Mandaba postales, fotografías y cartas a mis papás y a mis amigos de México. En ese entonces, el correo tradicional seguía siendo la manera más efectiva de establecer comunicación con alguien que estaba al otro lado del Atlántico, porque para revisar el mail debías rentar una computadora y la hora no era nada barata, además de que internet apenas daba sus primeros pasos y la conexión podía tardar muchos minutos. Sin embargo, las cartas llegaban muchas veces con retraso de varias semanas, o varias juntas porque se acumulaban en *la poste*. Todos esos posibles inconvenientes hacían de la correspondencia casi una ceremonia. El correo electrónico no genera la misma emoción que recibir en tus manos una carta escrita del puño y letra de tus seres queridos, la impaciente apertura del sobre con el timbre postal de tu país natal, la delicia de devorar cada línea hasta llegar al final y recibir las bendiciones de todos. Ahora todo es más rápido, automático, eficaz… y menos íntimo.

En las fotos que mandaba a mis papás aparecía una Jacky bastante *repuestita*, como suele decirse cuando a alguien de pronto se

100

Receta familiar de la Quiche Lorraine

Ingredientes para el relleno

150 g de queso

2 cdas. de harina

3 huevos

3 tazas de leche

50 g de tocino

100 g de jamón

Sal y pimienta

Media cebolla

Aceite de oliva

Se baten los huevos con la leche y un poco de sal y pimienta. Después se agrega la harina y se bate nuevamente para evitar los grumos. Luego se pica la cebolla y se pone en un sartén con un poco de aceite de oliva. Se vacía el jamón y el tocino cortados en pedacitos y se deja sólo un par de minutos al fuego.

Ingredientes para la pasta

250 g de harina (2 tazas)

125 g de mantequilla

1 huevo

Sal y pimienta

Se cierne la harina y se hace un cerco. Se le pone el huevo, la pimienta y la sal y se cubre para formar una pasta. Se deja reposar diez minutos. Mientras, cubrimos con mantequilla el fondo de un molde para pie. Acomodamos en el fondo la pasta y vaciamos el relleno. Se mete al horno una hora y media hasta que cuaje. ¡Y listo!

le rellenan los cachetes. Me la pasaba muy bien y se notaba. Casi todos los días, después de clases, íbamos en grupito a la plaza central, al restaurante de Adrián, un argentino establecido en Tours, y nos quedábamos hasta la noche tomando calimocho y vino barato, que no era tan malo después de todo. Yo, fiel a mi promesa de jamás volver a beber en exceso, me reservaba —aunque, he de confesar, algunas veces la rompí un poquito— y desarrollé una habilidad para detectar cuándo se le empezaban a relajar las neuronas y la lengua a los demás. Pero un día, como casi todos mis amigos fumaban, se me ocurrió la fantástica idea de darme la oportunidad de encender un cigarro. "¿Por qué odio tanto el cigarro si no lo he probado?", pensé y pedí uno. Alguien me regaló un Marlboro rojo y le di tres fumadas seguidas, sólo por hacerme la interesante. Tres mugres fumadas y el resultado fue desastroso y, sin duda, cómico: me emborraché. ¡Sí, me emborraché por darle tres jaladas al cigarro! Me supo asqueroso. Estaba tan perdida que mis amigos tuvieron que cargarme hasta mi cuarto en el *foyer*. Ésa fue la primera y la última vez que fumé; sigo pensando, ahora con razón, que es un vicio repulsivo.

Vivir en una ciudad tan lejos de mi hogar fue un reto para mí. Primero cultural, porque tuve que adaptarme a un idioma, costumbres y normas completamente ajenas a mí. Estas nuevas condiciones, a pesar de todo, me hacían sentir más libre: no podía sino aprender cosas nuevas y la responsabilidad de cuanto hacía era completamente mía. Quizás por eso me atreví a probar el cigarro, cosa que jamás hubiera hecho en Guadalajara; la experiencia me sirvió para reafirmar mi determinación. El color de Tours, con sus nuevos sabores, su arquitectura, su gente, me supo a gloria y cambió mi manera de concebir el mundo. También me di cuenta de que estar lejos de mi familia me acercaba más a mí misma. Vivir en Francia me ayudó a conocerme y a aceptar que la soledad también es parte del ser humano; no tiene que ser negativa, porque no puede ser malo estar en compañía de uno mismo. Además, en esa pequeña ciudad llegué a sentirme bastante cómoda, no como en mi casa, porque nada iguala la calidez y el amor de la familia, pero sí contenta de poder estar viviendo todo aquello, sin instrucciones previas, como en Overbrook, donde las reglas debían seguirse diariamente al pie de la letra.

¿Qué aprendí de los franceses?

- La cena para ellos es sagrada
- Comen de manera sana y equilibrada
- Siguen las reglas y son muy disciplinados
- Se toman una copa de vino al día
- Son muy familiares y románticos
- Son enojones, pero nunca es personal
- Ahí se afianzó mi amor por la moda

La Navidad de aquel año estuvimos Denisse y yo en Ámsterdam, con Bárbara, una amiga holandesa que nos invitó a su casa a pasar aquella fecha. El 25 me llamó mi mamá para desearme Feliz Navidad y, como había recibido mis fotos, me soltó uno de esos comentarios que sólo las madres te hacen, con toda sinceridad y como consejo velado:

—Estás comiendo muy rico, ¿verdad, Jacky? Estás muy cachetoncita —me dijo, y en ese momento me la imaginé sosteniendo en la mano la fatídica fotografía que evidenciaba la buena vida que me daba—. Me parece muy bien, son días de fiesta, come bien, pero después empieza a cuidar mejor tu alimentación, hija.

Me quedé pensando en el comentario de mi madre durante unos días, pues ella siempre hace que me caigan los veintes, aunque después me fui a Alicante a pasar Año Nuevo y; bueno, todo mundo sabe que la gastronomía española no se distingue precisamente por ser ligera, sino por ser tan suculenta como pesada. Después de las fiestas, Denisse y yo regresamos a Tours. Todos nuestros amigos mexicanos se habían regresado. Entonces me propuse dos cosas: la primera –aprovechando que ya no quedaban muchos con quienes hablar en español–, practicar bien francés; la segunda, bajar de peso. ¡Había subido trece kilos! ¡Los pantalones con los que había llegado a Tours en septiembre no me subían de la rodilla! Yo quería llegar a México más delgada de lo que me había ido y conversando como auténtica francesa, así que empecé a juntarme con locales, entre los cuales había uno en particular con quien siempre platicaba de mil cosas y sentía cierta química. Gracias a él logré mi primer propósito, ya que no hablaba ni inglés ni español.

El segundo lo cumplí comiendo alimentos sanos en cantidades verdaderamente raquíticas. También tomaba polvos de proteínas sabor vainilla que me había recomendado la nutrióloga para saciar el hambre que muchas veces sentía.

¡Cuidado, papás!

Las declaraciones que hacemos como padres son terribles y maravillosamente determinantes para la vida de nuestros hijos. Tienen un poder inmenso. Por eso, debemos ser conscientes de que nuestra manera de decir las cosas no es igual a las interpretaciones que nuestros hijos hagan de ellas.

No olvides que los adolescentes tienen subidas y bajadas, por lo que hay que acompañarlos en todo momento y, si es necesario, acudir a profesionales para que nos guíen como familia.

Amé casi todo de mi paso por Tours: la comida, la gente, la diversión, los paisajes. Lo único que no soporté fue el frío. En enero, Denisse y yo nos deprimimos porque bastaba asomar la nariz afuera de la residencia para que se te congelara. No queríamos levantarnos de la cama, nos costaba mucho reunir ganas para ir a clases. La temperatura era tan baja que las pestañas se te escarchaban; si tenías la mala ocurrencia de salir con el pelo mojado

—como hice yo alguna vez— éste se congelaba y después se quebraba como un fideo crudo. Era una cosa ridícula, casi caricaturesca, porque si yo le hubiera jalado una oreja a Denisse, se le hubiera roto. La nieve sólo es romántica cuando la ves en una fotografía, en una postal navideña, pero si eres tú quien está ahí, cuando vienes de un país tropical, te pones azul y te dejas aplastar por la tristeza. La única razón por la cual no me iría a vivir a Francia es por esos espantosos inviernos que acaban con el alma.

Tres meses antes de regresar a México, llegaron a Tours MaríaU y mi amiga Lorenza, la misma que, junto conmigo, recibió la comunión de manos del Papa en el Vaticano cuando estábamos en el internado. El mundo, como ya lo han dicho, es un pañuelo, y si las cuatro puntas se juntan todos nos encontramos en el mismo lugar, no cabe duda. ¿Por qué llegaron MaríaU y Lorenza a Tours? Porque sus papás las habían mandado a Francia para poner distancia de por medio entre ellas y sus respectivos novios, que ya querían llevarlas al altar. Como nota al pie, diré que el remedio fue inútil, porque de todos modos tanto MaríaU como Lorenza se casaron tiempo después con esos novios, lo cual comprueba con creces la teoría de que cuando el destino une a dos personas, ni la distancia las separa; o como dice el dicho popular: "si te toca, aunque te quites; si no te toca, aunque te pongas". Eso lo viviría yo en carne propia.

Con la llegada de mis dos amigas, Francia volvió a ser una fiesta. Ya éramos cuatro: Denisse, MaríaU, Lorenza y yo. Cada fin de semana tomábamos el TGV (*train à grande vitesse*, tren de gran velocidad) y en cincuenta minutos llegábamos a París. Nos alojábamos en un *bed & breakfast* cerca de Montmartre y nos íbamos a comer crepas a un *bistrot* a pocas cuadras del Hard Rock Café. Cada una se comía una crepa salada y una dulce: eran enormes y exquisitas. Yo estaba a dieta, pero nunca podía decirle que no a uno de aquellos prodigios de la cocina francesa.

Durante esos meses mantenía contacto con Sorín por medio de cartas y por mail. Me iba al cibercafé tres o cuatro veces por semana exclusivamente a revisar mi bandeja de entrada. Él me escribía todos los días –además de las cartas que me mandaba por correo tradicional–, me preguntaba cómo estaba, qué hacía y me decía cuánto me extrañaba. Me escribían también mis papás, mis amigos, mis hermanos y, de vez en cuando –sólo al principio de mi estancia en Francia– recibía correos de Luis. Como prefería gastar mis francos –el euro apenas iba a entrar en circulación– en cerezas que en una computadora con internet, imprimía todos esos mails para leerlos con calma al llegar a la residencia. En mi cuarto leía los mensajes y después los guardaba, pero los de Luis, al terminar, los doblaba y los escondía entre las páginas de un libro que tenía al fondo del cajón de mi escritorio. No me mandó muchos mensajes, y en ellos tampoco decía nada grave, sólo me contaba lo que hacía y de vez en cuando escribía que me extrañaba, pero jamás lanzaba comentarios atrevidos o propuestas indecorosas. Además, la distancia no es la mejor aliada de una pareja, por mucho amor que sientan uno por el otro.

Voy a regresarme un poco para contar una de mis grandes peleas con Sorín, la que fracturó para siempre nuestra relación y supuso el principio del fin. En diciembre, antes de irme a Ámsterdam con Denisse, fue a visitarme a Tours. Pasamos el primer fin de semana de un lado a otro, yo le mostraba la ciudad y él tomaba fotos aquí y allá, de cualquier cosa: un edificio llamativo, un paisaje urbano, o le pedía de favor a algún turista que nos hiciera una fotografía con el Loira de fondo. Comimos, tomamos de ese vino que costaba unos cuantos francos y nos reímos como tontos enamorados. No nos habíamos visto en tres meses, era el mayor lapso que habíamos permanecido separados. Eso le dio aire a nuestra relación, nos hizo reencontrarnos con el asombro y la felicidad del que reconoce haber echado de menos a quien ama. Sin embargo, como en todas las historias, y como en la vida, las lunas de miel duran poco. Sorín fue a Tours con Édgar, uno de sus primos, y se alojaron en un hotel cerca del centro. El lunes fuimos él y yo solos a comer. Mi clase era en la tarde. Antes de irme, pasamos a mi recámara por mis libros y a que me lavara los dientes. Después, me acompañó al instituto y al despedirnos le pregunté qué quería hacer en la noche.

—¿Quieres irte con Édgar y nos vemos al rato para cenar?

—No —respondió—, te espero en el *foyer*.

—De acuerdo —dije yo sin prever lo que iba a pasar.

Así que fue a mi recámara y se quedó a esperarme… y a investigar si guardaba algún secreto.

Bien dicen que el que busca encuentra.

Cuando regresé de la escuela a mi cuarto, parecía que había estallado una bomba nuclear en mi habitación. Bueno, no tanto, pero lo cierto era que acababa de entrar en zona de conflicto. Encima de mi escritorio estaba el libro cómplice y los correos impresos de Luis. Debí pensar en eso: dejar en tu cuarto a un novio celoso que no te ha visto en meses no es la mejor decisión, sobre todo si guardas por ahí documentos confidenciales.

Así que abrí la puerta, lista para preguntarle si quería cenar mariscos, pasta o comida francesa, y en lugar de eso encontré las pruebas del delito, abiertas de par en par, reclamándome un pecado que no había cometido. ¡Por qué guardé esos correos! Obviamente, Sorín ya no estaba ahí. Parecía ser el final.

Una vez más: nunca pierdas la llave de tu intimidad, la llave de tu propia casa. Tú sabes cuándo abrir y cuándo cerrar esa puerta. Sólo tú eres la dueña de la llave de tu corazón.

10

Guiños del destino

Un torbellino de pensamientos contradictorios y de emociones intensas pasaba por mi mente: culpa, coraje, angustia, terror. ¿Cómo se había atrevido a registrar mi cuarto? ¿Por qué se me había ocurrido la tonta idea de guardar los correos de Luis si en verdad ya no tenía un lugar real en mi vida? ¿Qué pasaría después de esto? ¿Perdería a Sorín para siempre? Me quedé pasmada durante unos segundos, sin saber qué hacer o por dónde empezar a desatar el nudo. Si quería salir de aquel laberinto, tenía que empezar por hacerle ver que esos mails eran una tontería. Si Sorín hubiera podido meterse en mi cabeza en ese momento habría visto que no había nada malo ahí, porque yo a quien amaba era a él y lo de Luis no era más que curiosidad, un juego de adolescentes que ya me tenía lo suficientemente confundida como para dar una explicación. En fin, yo tenía dieciocho años y mi situación emocional no era la más clara que digamos.

Hablé por teléfono a su hotel una y otra vez: nadie me contestó. Fui y pregunté por él directamente en la recepción: nadie me dio razón. Salí a caminar por la ciudad —que no es muy grande— en medio de un frío invernal que ni sentía por lo agobiada que estaba. Lo busqué por todos lados donde pensé que podía estar, pero sin resultado. Era como si se lo hubiera tragado la tierra. Después de muchas llamadas más al hotel y más vueltas por la ciudad, por fin logré encontrarlo en una placita. Habían pasado ya varias horas desde que había encontrado los mails en mi cuarto. Estaban los dos, Édgar y él, hablando en un teléfono público a la aerolínea para tratar de cambiar la fecha del vuelo de regreso a México. Édgar estaba al teléfono y Sorín a un lado, rojo de ira. Por primera vez lo vi fuera de sus cabales. Corrí hacia donde él estaba para tratar de hablar, pero ya no quería saber nada de mí. Cuando me vio, se enfureció más y me advirtió que mejor ni me acercara, que me fuera y no regresara, que lo dejara en paz. ¡No podía estarme pasando eso a mí! ¡No a mí! Yo gritaba, le pedía que me dejara explicarle, sin importar que la gente nos viera. Montamos una escena a la mitad de la plaza, frente a todo mundo.

—¡No quiero que me expliques nada! —lanzó él, furioso.

Entre lágrimas y súplicas de perdón, le dije que yo no había hecho nada malo, aunque, en el fondo, sí cargaba en mi conciencia con la culpa de haber mantenido contacto con Luis sin que Sorín lo supiera. Y bueno, estaba ese beso clandestino del que nunca le hablé. Habría dicho cualquier cosa para salvar el pellejo. Estaba desesperada por recuperar a mi novio.

—¡No te vayas! —le dije una y otra vez, y le reiteré mil veces que lo de Luis era una tontería, que ahí ya no había nada.

Él me interrumpía, me decía que me fuera, que no había nada más qué decir.

—Por favor, tenemos que hablar —insistí cuando logré que se calmara un poco. Édgar me fulminó con la mirada. Convencí a Sorín de que fuéramos de vuelta al *foyer* para tratar de resolver las cosas, él acepto de muy mala gana. Cuando estuvimos a solas le pedí, otra vez, que no se fuera. Él no contestó. Transcurrieron horas sin que ninguno de los dos emitiéramos una palabra, no mirábamos hacia ningún sitio y, por lo menos yo, no podía siquiera pensar. Por fin le expliqué qué significaban esos mails: absolutamente nada. Lo malo había sido guardarlos. Ahora lo acepto. Él callaba. A mí se me acabaron de nuevo las palabras y volvimos a pasar una eternidad en silencio.

Me sentía en medio de una auténtica telenovela donde yo era la antagonista —hasta ese momento mi primera villana—, la malvada del cuento, quien le había roto el corazón en mil pedazos.

Poco a poco se calmó. Decidió quedarse y finalmente me perdonó. Visto a la distancia, en realidad todo partió de una equivocación fantasiosa que hizo detonar una bomba de la que en ese momento alcancé a salir con vida. Admito que si hubiera cerrado el ciclo con Luis, si hubiera empezado mi relación con Sorín sin ningún tipo de dudas, eso jamás habría pasado. El pasado suele alcanzarnos si no concluimos las historias que empezamos. Eso siempre lo tendré presente porque lo viví en carne propia.

Algo se rompió dentro de los dos después de esa monumental pelea. Nunca recuperamos la vitalidad que habíamos tenido. Él guardaría rencor hacia mí y yo esa culpa sin digerir. Los siguientes meses mantuvimos nuestra relación a distancia sin altibajos. No me volvió a reprochar nada, no tocamos otra vez el asunto, pero sabíamos que el silencio ya no encerraba ilusión, sino resentimiento. Naturalmente, yo me porté muy bien el resto de mi estancia en Tours. Y él, bueno, aparentaba que seguíamos bien. Quizá si me hubiera mantenido en mi decisión de terminar con él antes de irme a Francia, las cosas habrían salido mejor para ambos. Nunca lo sabré.

El año escolar transcurrió para mí entre el perfeccionamiento de mi francés, fines de semana en París y una rigurosa dieta —el famoso polvo de proteínas y cena de lechugas–, acompañada de ejercicio para deshacerme de aquellos cachetes que me habían delatado en las fotos de fin de año. Hacia el final del ciclo escolar, unos días antes de regresar a México, a MaríaU y a mí se nos ocurrió hacernos un cambio de look para llevarnos un poco del glamour europeo de vuelta a casa. Ella se tiñó el pelo de negro azabache, incluyendo las cejas, y yo me puse miles de rayitos. Además, la noche antes de subirnos al avión, pensamos que sería una buena idea comprarnos un spray de autobronceado para que se notara todavía más que veníamos de lejos, pero se nos pasó la mano y quedamos más morenas de lo que queríamos. Ahí estábamos: MaríaU, que era rubia natural, con el pelo completamente negro y con la piel morena, y yo con el pelo surcado por luces brillantísimas. Nos veíamos espantosas.

Cuando llegamos al aeropuerto de México nos esperaban nuestras familias y amigos, pero lucíamos tan extravagantes –entiéndase horribles, y yo además tan flaca– que pasamos a un lado de ellos y, de plano, no nos reconocieron. Las dos nos atacamos de risa, nos creíamos la sensación, el último grito de la moda. Por fin, después de volver a desfilar casi en sus narices, nos identificaron y todos soltamos una carcajada.

Ya en la casa, con mis papás y mis hermanos, nos pusimos al corriente: me platicaron de lo poco que había ocurrido en Guadalajara durante aquel año y yo les conté mis aventuras europeas, presumí mi perfecto dominio del francés y hablé por horas de lo que aprendí por allá.

Al llegar a México, no sólo estaba yo más delgada que antes de irme, sino que tenía la piel pegada a los huesos. Pesaba alrededor de cincuenta kilos, y eso para mi uno setenta de estatura no se veía precisamente bien. Mi mamá, tal cual, se puso a llorar al verme así, en pleno aeropuerto. Mi papá, ya en la casa, estaba además de muy preocupado, furioso. En cambio yo, claro, me sentía como una súper modelo, y nadie me sacaba esa idea de la cabeza. Le resté importancia a sus comentarios y cada que tocaban el tema cambiaba el rumbo de la conversación. Estaba orgullosa de mi determinación y mi autocontrol, del perfeccionismo que siempre me llevaba a alcanzar cuanto me proponía.

Ojo

A veces lo que nos proponemos no siempre es lo mejor para nosotros. Debemos ver el mapa completo, no solamente el destino más cercano. Hay que tomar conciencia de las consecuencias de nuestras decisiones y, en caso de no poder hacerlo, pedir ayuda.

Volver después de haber pasado un año en el extranjero por mi cuenta implicó un proceso de readaptación al que me tuve que acostumbrar cada día. Mi alma tardó en llegar varios meses: parecía haber regresado en barco, aunque yo había vuelto en avión. Amaba estar de nuevo con mis papás, mis queridos hermanos (a quienes había extrañado horrores) y mis amigos; por supuesto, sobre todo con la Garnica, a quien me parecía no haber visto desde hacía siglos. Sin embargo, me sentía lejos, posiblemente debido a la ausencia de mi alma marinera. Algo me faltaba para poner nuevamente los pies en mi tierra.

Llegaba de una vida en la cual yo hacía de todo y me manejaba sola, era completamente responsable de las acciones y detalles de mis días, desde escoger mi comida hasta mis horas de estudio y mis salidas, sin chaperones, sin nadie que me dijera qué hacer y qué no, sin horas de llegada ni restricciones de ningún tipo. Siempre hice buen uso de la libertad que se me dio, practiqué la responsabilidad que mis papás incansablemente me inculcaron y no abusé de la sensación de tener el mundo para mí sola; más bien aprendí a vivir en otra cultura, con otras personas, a un nuevo ritmo, y adquirí conciencia de mis propias limitaciones y alcances. Sin embargo, a pesar de no haberme extralimitado –porque en verdad durante ese año nunca rebasé la frontera de "lo correcto"–, regresar a ser hija de familia, bajo la tutela y cuidado de mis papás, con horarios, reglas y obligaciones delimitadas, fue desconcertante al principio. Poco después volví a sentirme la más afortunada por estar de nuevo entre mi gente, en mi ciudad, habiendo visto otros paisajes y conocido a otras personas. No cabía duda alguna: México era mi lugar. Muchas veces ocurre que no te das cuenta de cuánto extrañas a la gente hasta que vuelves a verla. Así me pasó. Amaba Francia, pero amaba más estar en casa, en mi Guadalajara.

De pronto me fastidiaban las constantes insinuaciones de mi mamá y mi papá acerca de la comida, así como los comentarios y la cara de sorpresa –no precisamente linda– de la gente con la que me reencontraba. Por supuesto que después de aquellos dulces tiempos en Tours le bajé al azúcar, a los manjares y a toda la comida. Meses antes de volver a Guadalajara, como ya lo dije, cambié de forma radical mi manera de comer y eliminé de mi dieta casi todos los alimentos. Además del polvo de proteína, cuando estaba en Francia comía sólo alguna verdura en la comida y en la cena. Un día a la semana tenía la libertad de comer la fruta que se me antojara, pero los jueves eran únicamente de toronja. Me pesaba todos los días para comprobar que no hubiera subido ni un gramo. Y por si no fuera suficiente, iba al gimnasio tres días a la semana. Estaba exageradamente delgada.

La verdad es que no sé cómo pude soportar más de dos semanas así, pero como era lógico, mi cuerpo terminó resintiendo aquella tenacidad que rayaba en la obsesión. Mi estómago se había hecho tan pequeño que comer una manzana entera no me cabía ni en la cabeza, simplemente de pensarlo me daban ganas de vomitar.

Una vez fuimos a visitar a mi papá, que en esos años entrenaba a Chivas Tijuana y vivía en San Diego. Un día por la mañana, muy temprano —estábamos en su departamento— iba de camino a la cocina para comer algo cuando de repente, sin razón aparente, caí al suelo sin conocimiento. Al despertar, papá y mamá estaban como locos encima de mí, lucían tremendamente preocupados, con los ojos desencajados por la angustia. El desvanecimiento nos tomó por sorpresa a los tres, pues no había estado enferma ni tenía síntomas de malestar. En el consultorio médico, el doctor dijo que yo debía comer mejor, pues me hacían falta nutrientes y mi estómago era diminuto. No podía seguir así. No llegó a considerarse anorexia ni bulimia, supuestamente porque nunca vomité y mi organismo retuvo ciertos nutrientes, pero sí había un principio de desorden alimenticio. Mi papá, que siempre había sido el más tierno y comprensivo, estaba tan angustiado que, por primera vez en mucho tiempo, me miró a los ojos, sumamente serio, y me dijo, mortificado:

—No hagas que me arrepienta de haberte mandado a Europa.

En ese momento comprendí que no tenía cuerpo de modelo, sino de una mujer desnutrida y enferma. Por fortuna, aquel incidente me sirvió para darme cuenta de que ése no era el modo de cuidarme. Eso sí, dejé de comer carne, convicción que mantuve por diez años. Fuera de eso, aprendí que si yo no me cuidaba nadie lo haría por mí; de inmediato empecé a alimentarme de la manera más normal posible, aunque debido al trastorno que sufrió mi cuerpo no fue sencillo. Descubrí que el secreto para estar sana era de lo más sencillo: comer de todo en cantidades moderadas.

Así como pensé por muchos años que los niños eran pecado, lo mismo pensaba del azúcar, pero a raíz de mi desmayo volví a comer casi de todo, incluidos postres, helados y dulces, y me di cuenta de lo amargada que había estado antes: ¡el azúcar es felicidad!

Algunos consejos que aplico todos los días

- Tomar medio vaso de agua con cuatro gotas de aceite esencial de limón en ayunas es maravilloso
- Tomar vitaminas
- Beber mucha agua
- Comer de manera continua. Yo nunca dejo largos periodos sin comer
- Si un día me sobrepaso, al siguiente le bajo dos rayitas: hay que aceptar que lo más rico en la vida es comer, así que conviene disfrutarlo y saber moderarse.

Aquí te comparto un sabio y básico consejo de mi mamá:

- Come variado, de todo, pero en cantidades moderadas

Me sentí mejor que nunca. Estaba sana, tenía energía para lo que fuera y —lo más importante— no pasaba hambre. En otras palabras, estaba bien, fuerte y contenta. Además, siempre me ha gustado comer rico, disfrutar cada sabor, cada platillo, paladear cada ingrediente, las mezclas más suculentas y, sobre todo, mis amadas quesadillas, mis chilaquiles, mis sopes, mi pozole, cualquier alimento sin carne roja. Dejar de comer lo que te gusta por hacer realidad un ideal erróneo de belleza implica, primero, poner en peligro tu vida, y segundo, perderte, tal cual, del sabor de la vida.

Entré a estudiar Comunicaciones en el ITESO en 1999. Casi sin querer, sin pedirlo, surgieron oportunidades y pequeños guiños que paso a paso me acercaron a mi verdadera vocación, la cual, a diferencia de lo que yo creía, no estaba entre los muros de un salón universitario. Tenía diecinueve años y de vez en cuando algunas amigas me llamaban para que saliera en fotos de catálogos de parientes que tenían una zapatería o una marca de ropa. Mi primera aparición en un medio impreso fue en el periódico *El Informador*, en un anuncio publicitario donde salía de perfil con una rosa en la mano y besando la cabeza de un tierno abuelito. Aquel anuncio desató otra de las ya famosas discusiones con Sorín, quien no estaba de acuerdo con que yo apareciera en tremendos espectaculares por todo Guadalajara. Mi debut en los medios impresos –por decirlo así– fue un gran tema. Lo peor del caso –para él, claro está– fue que después de ese primer anuncio me llamaron para hacer otros. El que recuerdo mejor fue para C&A, donde me hicieron fotografías ya un poco más profesionales. La llegada de esa tienda departamental a Guadalajara fue un acontecimiento. No fui a la inauguración, pero después, al entrar y ver mis fotografías modelando el vestido de la temporada, me sentía orgullosa, porque ése era mi primer empleo real, por el cual recibí mi primer sueldo: los primeros tres mil pesos que gané por mi cuenta.

Como era de esperarse, esa publicidad fue el detonante de otra pelea con Sorín. Sin embargo, a diferencia de los pleitos anteriores, éste marcó el inicio del fin de nuestra relación. A decir verdad, los dos estábamos un tanto cansados. Yo ya no era la de antes de Francia, el tiempo había pasado, arrastrábamos las secuelas de aquella discusión y otras experiencias se habían instalado en mi ser. Sin darme cuenta, empezaba a trazar un plan de vida que él no comprendía. Nuestra relación se había desgastado; lo que antes era fuerte se debilitó por nuestros cambios de rumbo, las discusiones y las distintas expectativas. Todos a nuestro alrededor pensaban que el siguiente paso era, lógicamente, hacia el altar. No era eso lo que yo quería: apenas estaba comenzando a vivir y me faltaba mucho mundo por recorrer. Definitivamente, el matrimonio no estaba en mis planes inmediatos. Después de unos tormentosos meses de truenes y reconciliaciones cada vez menos convencidas, acabamos por separarnos definitivamente. No había pasado ni medio año desde mi regreso a Guadalajara.

Estar lejos de alguien a quien alguna vez amaste profundamente es una mutilación emocional, un proceso sumamente doloroso que en mi caso sólo pude soportar en pequeñas dosis, hasta sentir que estaba lista para dejar ir aquella parte de mí y convertirla en mi pasado. Las personas a quienes un día amamos se integran a nosotros y forman parte de lo que somos y en lo que nos convertimos. Las cosas que aprendí con Sorín, las buenas y las no tan buenas, me llevaron, de una u otra manera, a ser la mujer que ahora soy. Somos las personas a las que amamos, aunque muchas ya no estén a nuestro lado.

Como era natural, después de terminar con él me sumí en una tristeza profunda, a pesar de estar convencida. Decir adiós es sólo el principio de la despedida, lo más fácil; lo difícil viene después, cuando no tienes ganas de salir de tu cuarto, comer ni hablar, cuando te sientes la persona más sola del mundo. Fue mi primera ruptura realmente desoladora, pero sabía que no podía ser de otra manera y eso me daba cierta paz mental entre el torbellino de recuerdos que me saturaban cada vez que pasaba por algún lugar donde habíamos estado o al escuchar canciones que a ambos nos gustaban. Lo peor fue que todos eran nuestros lugares y todas las canciones tenían que ver con nosotros; yo nada más pensaba cómo lo iba a sacar de tantos sitios y de todas esas letras que habíamos cantado juntos. Todavía estaba muy afectada por el truene, extrañaba tanto a Sorín que muchas veces me daban ganas de agarrar el teléfono y pedirle que nos viéramos, que platicáramos sólo una vez más. Pero la decisión estaba tomada y ambos debíamos superarlo. Sabía que con el tiempo los dos saldríamos adelante; un día nos volveríamos a mirar a los ojos sin ningún resentimiento. Por desgracia, ambos éramos miembros de un grupo de amigos muy unido, del cual a raíz de nuestra ruptura tuve que separarme, porque la mayoría de quienes lo formaban eran sus amigos. Ellos continuaron con su amistad sin mí.

Tras el truene, me costó trabajo y tiempo recuperar las ganas de salir a la calle, de irme a divertir con mis amigas y de retomar mi vida para cumplir las promesas que se me habían anunciado. Me mordía la lengua antes de preguntar por Sorín, si lo habían visto, si les había dicho algo de mí, cómo se veía, ¿me odiaba?, ¿estaba con alguien? Mi familia y mis amigos nunca me dejaron sola, fueron solidarios y gracias a ellos me mantuve en pie. Me concentré en la carrera, en cuidarme para no volver a pasar por una descompensación alimenticia, en no dejar que el aspecto emocional influyera en mis compromisos universitarios y, de pronto, realizaba uno que otro trabajo profesional para catálogos. Quizás fue entonces cuando noté, por primera vez de manera real y a raíz de mis incursiones en el mundo del modelaje y la publicidad, que mi aspecto físico era importante. Una nueva etapa de mi vida estaba por comenzar.

Algunas recomendaciones para superar el truene

- Acepta que estás deprimida y si quieres comerte un litro de helado ¡cómetelo! ¡Se vale! Acepta que estás en duelo
- Escribir puede ayudar también
- ¡Ir de shopping! Para mí es la mejor terapia
- Cambiar de look
- Una noche divertida con tus amigas
- Romper sus fotos y sus cartas

De Jalisco con amor

Por esos años, *El Informador* tenía un suplemento de sociales que se llamaba "Wee", en cuyas portadas aparecían figuras célebres posando con gente común. Para mi sorpresa, me llamaron para salir como la "no famosa" en una de sus portadas de 1999, nada más y nada menos que junto a Rafa Márquez, dada mi cercanía con el futbol por ser la hija de Jesús Bracamontes. En ese entonces Rafa era el ídolo de ídolos en el balompié mexicano y mi papá era el entrenador de las Chivas.

Cuando hicimos la sesión de fotos en el Camino Real de Guadalajara, no sólo estaba Rafa, sino toda la selección nacional. Ese día conocí a Joaquín Beltrán y de inmediato surgió una química especial entre ambos, la cual comenzó con miradas mutuas que nos llevaron luego a mandarnos mensajes de texto todo el santo día. Confieso que yo desde pequeña estuve en el fondo convencida de que me iba a casar con un futbolista, porque mi papá lo era y yo lo admiraba como a nadie, además de que amaba el futbol apasionadamente. Para mí las cosas estaban bien claras. Y por si mi encuentro con Joaquín no fuera prueba suficiente de que está-bamos predestinados —según yo—, ahí estaban las letras iniciales de nuestros nombres: las suyas eran JBV (Joaquín Beltrán Vargas) y las mías eran las mismas, aunque con una h al último: JBVH.

Uno nunca sabe cómo se mueven los hilos invisibles del desti-no, el motivo de las cosas tarda en aparecer a la vista y lo cierto es que sólo somos capaces de percibir los resultados. Después de un tiempo nos damos cuenta de que, de alguna manera, las cosas debían ocurrir tal como pasaron. Es una casualidad increíble, re-sultado de la sincronía de un sinfín de acontecimientos, estar en el momento y en el lugar exactos para que el rayo de magia llama-do vida te traspase. Lo digo porque, por más que yo siempre lu-chaba por conseguir todo lo que me proponía, no fui yo quien buscó convertirse en una figura pública. Me gustaban los escena-rios y las pasarelas desde chica, pero pensé que la mejor manera de acercarme a ese mundo de glamour y luces era mediante la carrera de Comunicaciones. Un camino más directo no les habría gustado a mis papás, y tampoco deseaba pelearme con ellos. Además, en verdad disfrutaba estudiar. Nunca se me habría ocurrido vivir por mi cuenta la historia romántica y audaz de las estrellas de Holly-wood: jóvenes soñadoras que lo abandonan todo para irse a perse-guir su sueño. Dice el dicho "si la vida te da limones, hay que hacer limonada". Estoy profundamente agradecida porque, de al-guna forma, siempre me sentí protegida, bendecida, y mis sueños de la infancia poco a poco se fueron presentando frente a mí, como si de alguna misteriosa forma los hubiera atraído. Gracias a eso pude hacer mucha, mucha limonada.

En el verano de 1999 Karla y yo fuimos al Distrito Federal a pasar una semana con Ana Paola, una amiga mía. Yo me había inscrito en Espacio 2000, un evento que organizaba Televisa para los estudiantes de Comunicaciones. Era la primera vez que me quedaba en la Ciudad de México por más de un día. Estábamos saliendo del aeropuerto Benito Juárez cuando recibí una llamada en mi celular, uno de esos Motorola plateados que tenías que abrir para contestar, los famosos Startac. Era Poncho.

—Jacky, Lupita Jones te vio en la portada de la revista: quiere que entres a concursar en Nuestra Belleza Jalisco.

Me quedé muda y abrí los ojos como si estuviera presenciando un hecho inconcebible. Miré a Karla con sorpresa; ella, ansiosa, me preguntaba con las manos de qué se trataba. Mi primera reacción, por supuesto, fue de incredulidad. ¡Lupita Jones! ¿Cómo imaginaban que yo me creería ese cuento? Sonaba a algo que no me decían a mí, sino a otra persona. ¿Yo en un concurso de belleza? No había nada más extraño en el mundo. Lo de las fotografías para la revista y la publicidad era mero entretenimiento, de esas locuras que una hace porque se le antoja, porque puede, y ¿por qué no? Pero no era algo que me tomara en serio, mucho menos para hacer carrera. ¿Nuestra Belleza Jalisco? ¿Lupita Jones? ¡Ajá!

—¡Cómo crees que voy a entrar a eso! —le respondí—. Acabo de iniciar la universidad, por supuesto que no.

Tras colgar con Poncho, le conté a Karla todo. Ella gritó de emoción.

—¡Serás Nuestra Belleza Jalisco!

—¡Qué te pasa! ¡Claro que no! ¿Cómo crees que voy a entrar en uno de esos concursos?

Karla empezó a imaginarse todo lo que ocurriría a continuación: saldría en televisión, me tomarían miles de fotos, ganaría la corona, me llenarían de flores, de vestidos elegantes, sería la envidia de todas, me pedirían autógrafos en la calle y ella organizaría la porra oficial, sería la fan número uno, acudiría a los mil y un eventos, les contaría a todos que yo era la más guapa y ella mi mejor amiga. Mientras la Garnica planeaba mi vida, yo sólo pensaba que lo más importante era terminar con honores mi carrera universitaria. Aunque, hay que ser sincera, Poncho me había sembrado la curiosidad, una semilla que hace germinar muchos pensamientos.

Al poco rato pasamos en el coche por Televisa San Ángel. Cuando vi el logotipo sentí algo removerse en mi interior, un presentimiento, un hueco causado por una emoción en el estómago que me mantuvo callada por unos segundos, sumergida en un silencio de ensueño. No quería ilusionarme y perder la concentración, pero aquella sensación fue tan intensa que no lo pude evitar. Era una llamada, sólo que no lo sabía. Cuando años después recordé ese instante, todo tuvo sentido.

Finalmente asistí a Espacio 2000. Había un estand donde te invitaban a hacer una escena, una especie de casting para ganar un pase directo al taller de actuación del CEA (Centro de Educación Artística de Televisa). Me apunté sólo por curiosidad, por divertirme. Total, ya estaba ahí, no podía perder nada. Salvo en las obras de la escuela, jamás había actuado. La escena que debía representar era en pareja, con otro estudiante escogido al azar. Hice con mi compañero un fragmento de comedia que, no es por presumir, pero nos quedó bastante bien. Se elegía a los ganadores por el aplauso del público. Y bueno, no ganamos, nos dieron el segundo lugar. Pero les gustó tanto a los del CEA que se acercaron y nos dieron también a nosotros el pase directo. Yo entraría al CEA poco tiempo después, aunque no gracias a ese concurso. Quien fue mi compañero aquel día hoy es un actor muy conocido: Carlos de la Mota.

En aquel corto viaje, Karla y yo salimos con Joaquín y otros amigos, pero nunca en plan de romance. Nos estábamos conociendo apenas, era un coqueteo muy inocente. Nunca hubo nada de nada, ni una tomada de mano, ni siquiera una insinuación, sólo ese placentero juego de las miradas sostenidas por un segundo más de lo normal y quizás algún roce de nuestros brazos que detonó una de esas explosiones de energía entre dos personas con química, pero nada más. Mientras yo lo consideraba, literalmente, un partido en potencia, creo que él me veía como una buena amiga —o a lo mejor era igual de tímido y cuidadoso que yo—. Luego de esa vez los mensajes de texto se fueron espaciando, hasta que de plano dejé de recibirlos. No lo vi en un buen tiempo. Después sabría la razón.

Una de esas noches, Ana Paola, Karla y yo fuimos a un antro en el Pedregal. Ahí conocí a un muchacho que me llamó la atención: traía el pelo largo y negro, y tenía unos ojos encantadores color miel, un conquistador absoluto. Dijo que era actor, que salía en una telenovela, *Amor gitano*, me parece. Platicamos un rato y terminé por darle el teléfono de mi casa, que se apuntó en el dorso de la mano. No volví a saber de él durante un largo rato.

Ya de vuelta en Guadalajara, después de esa semana mágica de vacaciones, el lunes, de regreso de la universidad, mi mamá me recibió en casa con una noticia clasificación *déjà vu*.

—Hija, te acaban de hablar de Televisa, para ver si te interesa concursar en Nuestra Belleza Jalisco.

Después de ese segundo aviso lo pensé como una verdadera posibilidad. Más que emoción, miedo o alegría, sentía muchísima curiosidad. Pregunté a mis papás qué pensaban de todo eso. Por primera vez ninguno de los dos supo qué aconsejarme. En realidad, les daba pánico.

Karla, quien estaba mucho más entusiasmada que yo, me dijo:

—Sólo métete y ve cómo es la onda. Después de todo, no siempre tienes la oportunidad de entrar en un concurso de esos. ¿Qué más da? Tómalo como una experiencia profesional.

Yo me moría de vergüenza sólo de pensar que tendría que desfilar en traje de baño: si bien soy una mujer delgada, que siempre ha cuidado su figura —al extremo de descuidar tontamente mi salud—, la genética también me dotó de una amplia cadera que, la verdad, no me gusta. ¡Me daba terror! Mi mamá, tratando de calmar mis nervios, me dijo que me imaginara desfilando ligeramente en el más espléndido vestido de noche que pudiera concebir. Llegado el momento, esa sugerencia me ayudó a matar los nervios que, afortunadamente, no se me notaban; me concentré en esa imagen en la que caminaba despampanante por la pasarela.

Al final pensé que, después de todo, aquello estaba relacionado con mi carrera universitaria. El plan era tomar la oportunidad que me daban, experimentar lo que implicaba estar en un certamen de ese tipo, y volver, como si nada, a terminar Comunicaciones. Una anécdota más que contar entre amigos, algo para divertir a los hijos y nietos. Así que, como ya saben, acepté.

Fui al casting a Televisa Guadalajara. Me paré frente a una cámara y me presenté.

—Hola, soy Jacqueline Bracamontes. Tengo diecinueve años y estudio Comunicaciones…

Después me puse de perfil e hice un pequeño desfile para lucir de cuerpo completo. Pocas veces en mi vida me he sentido más extraña, como la nueva del salón. Pero entonces, sólo entonces, la emoción hizo efervescencia en mi estómago y pensé que eso era algo importante, más que una tarea de la carrera. Quizás, a pesar de la extrañeza, era ahí a donde pertenecía. Por otro lado, seguía creyendo que sólo sería una experiencia para palomear en mi lista de cosas por hacer, y que después volvería a mi vida de siempre. Ahora pienso que tal vez me estaba curando en salud. La mejor manera de evitar las desilusiones en un terreno desconocido es no esperar demasiado, o al menos, no esperarlo todo a la primera, así que simplemente me dejé llevar.

Después de pocos días Miguel Ángel Collado, el director de Televisa Guadalajara, me llamó con el fin de confirmar que había quedado seleccionada para participar en Nuestra Belleza Jalisco. Mi papá, como entrenador de las Chivas, tenía una muy buena relación con la gente de la televisora, pero no se quedó tranquilo hasta que Miguel Ángel conversó personalmente con él y le aseguró que yo estaría en buenas manos, que me cuidarían mucho, que no debía tener miedo.

Luego supe lo que seguía: tenía que ir a una concentración de un mes antes del concurso, donde a todas las participantes nos tomarían fotografías y nos prepararían para el gran día. Me dio mucha alegría saber que todo iba tomando forma, pero por esos días, como eran vacaciones, yo estaba a punto de irme a un crucero con todos los Van Hoorde y le pedí a Miguel Ángel que me diera diez días para irme con ellos. En un principio me dijo que sí; después me llamó para platicar y puso las cartas sobre la mesa.

—Lo pensé bien, Jacky, y debes entender una cosa: si te vas a tu crucero, vas a llegar tarde a la concentración, y si resultas ganadora, van a pensar que hubo algún arreglo en lo oscurito. Qué más quisiera que te fueras tranquila y volvieras llena de entusiasmo para el concurso, pero no va a poder ser así. Créeme que te estoy protegiendo, de verdad: no quieres, y yo tampoco, que eso pase.

Pensé en sus palabras. Tenía que concursar en las mismas condiciones que las demás. No debía tener ninguna ventaja o consideraciones especiales, eso lo entendía. Él tenía razón. De todos modos no sabía qué hacer. No quería arriesgar mis vacaciones por algo que no era más que un entretenimiento, un juego de niña que pretende ser reina de belleza, como en aquellas pasarelas que organizábamos Alina, mis primas y yo en Jamay, en casa de los abuelos. Mientras toda mi familia se asoleaba de lo lindo en un crucero por el Caribe, yo me quedaría sola en la casa, muriéndome de nervios y anhelando esos pocos días de relajación.

Fue una decisión difícil, de esas que, cuando tomas, no te imaginas que tendrá consecuencias en tu vida. Nunca alcanzarás a abarcar con la mirada la inmensidad del océano si lo ves al ras del agua, tan sólo puedes darte una idea de su tamaño cuando lo contemplas desde lo alto. Así vemos el pasado al mirar atrás y nos damos cuenta de que, afortunadamente, aun sin saberlo a ciencia cierta, elegimos correctamente. Y lo hicimos así porque, quizás a escondidas de nosotros: fue nuestro corazón el que tomó (y lo sigue haciendo) las decisiones más importantes, es él quien, engañándonos al disfrazarse de razón o buen juicio, siempre nos lleva por el camino verdadero, aquél que estamos destinados a seguir; el que nos lleva a convertirnos en quienes somos. En ese instante, obviamente, yo no sabía que aquél sería uno de los momentos más trascendentales para mí y que todo dependía de la decisión de quedarme o irme de vacaciones.

Aquella misma corazonada que había electrizado mi pecho la primera vez que vi el edificio de Televisa a través de la ventana de un coche se encendió nuevamente en mi interior. Y entonces todo fue claro. Lo que antes era difícil ahora se presentó ante mí sin una sola duda. La decisión sólo podía ser una:

—Está bien —le dije a Miguel Ángel–, me quedo.

Estaba sola en casa mientras la familia disfrutaba las vacaciones. Una vez que tomé la decisión de concursar, me enfoqué de lleno en lo que implicaba, y algo entendí en aquel silencio de mi habitación: cuando te concentras en el instante que vives, todo es más fácil, por complicado que lo haga parecer la mente. Vivir el momento es elegir estar bien. Y bueno, lo de estar sola era muy relativo, porque la casa se convirtió en un campamento permanente de amigos que iban a visitarme y a animarme todos los días, sobre todo, Karla, quien quería saberlo todo y me preguntaba cada detalle.

Las primeras tres semanas del mes que duró la concentración consistieron en ir a los entrenamientos y sesiones de fotos, pero en las noches dormía cada quien en su casa. La última semana nos quedamos todas en el hotel Plaza del Sol; tengo que confesar que una de esas noches la Garnica y MaríaU me sonsacaron para ir a bailar a hurtadillas nada menos y nada más que con Joaquín Beltrán, Gerardo Torrado y otros jugadores de los Pumas que también estaban concentrados ahí porque tenían un partido. Terminamos en el Tropigala, un bar donde, obviamente, no pasamos inadvertidos, y menos cuando la gente, ya encendida por la música, la noche y los tragos, empezó a aclamar a los ídolos deportivos del momento entre una cumbia pegajosa y un merengue:

—¡Que bailen los Pumas! ¡Que bailen los Pumas!

Aunque estábamos en territorio Chiva, ellos eran seleccionados nacionales, así que la gente los vitoreaba sin parar. Afortunadamente, los organizadores del concurso no se enteraron de que, lejos de estar dormida en mi cuarto del hotel, anduve raspando suela en el Tropigala en compañía de los felinos, pues, aunque no tenía que estar encerrada a piedra y lodo, tampoco les habría encantado que anduviera suelta por la ciudad a media madrugada.

Desde el principio del concurso el ambiente fue extraño y tenso para mí. Además de mi habitual dificultad para entablar amistad con otras personas —y más cuando competían conmigo—, no fui recibida precisamente con caras amables. De alguna manera, creyeron que yo era la favorita; sin embargo, nunca me sentí por encima de mis compañeras ni me di aires de grandeza, participaba en las actividades programadas, como todas, aunque relativamente alejada de ellas. Sentía a mi espalda varias miradas maliciosas y cuchicheos cada vez que pasaba por donde las demás platicaban. No era buena para la interacción social y la verdad tampoco me esforcé demasiado por caerles bien. Con quien sí me llevaba como comadre era con el personal que nos cuidaba y se ocupaba de nosotras: choferes, productores, peinadores, maquillistas, vestuaristas, profesores de etiqueta, cocineros, etcétera.

Una de las mejores formas que conozco para recordar una regla de etiqueta es:

- Para evitar la confusión sobre qué plato de pan y qué copa es la que me corresponde en la mesa, frente al plato hago dos señas: cierro el índice y el pulgar de ambas manos; la mano izquierda queda en forma de *b*, y la derecha, en forma de *d*. Significa, entonces, que de mi lado izquierdo irá el pan (*bread*) y del derecho la bebida (*drink*).

b - bread
(pan)

d - drink
(bebida)

La repulsión que sentían hacia mí las otras concursantes terminó en un intento de sabotaje que casi me cuesta mi presentación la primera vez que entramos al escenario ya dentro del certamen. Teníamos que aparecer todas con el mismo vestido color gris y tacones transparentes. Yo había llegado en pants; mientras me maquillaban y peinaban dejé el vestido y los zapatos en el camerino común. Inmediatamente después del maquillaje nos dijeron que nos fuéramos a cambiar porque estábamos a punto de salir. Me puse el vestido gris, pero cuando busqué los tacones, no estaban por ninguna parte. Me volví loca. Empecé a gritar por todas partes:

—¡Mis zapatos! ¡Mis zapatos! ¡¿Dónde están mis zapatos?!

Nadie me daba respuesta, se hacían de la vista gorda o simplemente volteaban a otro lado. Todas estaban ya listas mientras a mí me atacaba una de las peores angustias que he sufrido, la cuenta regresiva para salir al escenario se acercaba a su término porque era un show en vivo, y cada segundo transcurría más rápido que el anterior. Mis zapatos no estaban donde yo los había dejado, ni en ninguna parte. Estaba a punto de entrar en shock mientras imaginaba todas las posibilidades: no salir, salir sin los zapatos o ponerme unos distintos. Las primeras participantes ya habían salido a escena y desfilaban ante el público, la fila avanzaba y yo, al último, había optado por salir descalza y caminando de puntillas. ¿Qué otra cosa podía hacer? ¡Qué ridículo iba a hacer! De pronto, una señora de las que nos cuidaban, a la que le vi cara de ángel en ese momento, llegó corriendo:

—¡Jacky! ¡Yo acabo de ver unos zapatos!

—¿Dónde?

—En el baño.

Corrí como desquiciada y los encontré detrás del escusado. Me los puse en menos de un parpadeo. No tuve tiempo ni de quejarme. Salí inmediatamente como si no hubiera pasado nada, entera, recompuesta, como recién salida de un baño de rosas, con mi sonrisa de siempre, aunque, he de confesar, me hubiera encantado ver la cara de las que quisieron hacerme la trastada. Sin embargo, mi instinto competitivo y mi carácter perfeccionista estaban enfocados en el concurso, e independientemente de si ganaba o no, yo siempre debía hacer mi mayor esfuerzo. Por cierto, nunca supe quién escondió los tacones.

En los pocos ratos de descanso, pensaba en lo extraño que era todo aquello y en lo rápido que mi vida estaba cambiando: de tomar apuntes en un salón universitario a caminar por una pasarela en traje de noche frente a no sé cuántas personas. A pesar de aquel golpe de suerte —o aviso del destino— yo, por no hacerme ilusiones, pensé que una vez terminado el concurso, volvería a mis clases.

Durante el certamen mi porra era la más grande, porque además del apoyo de mi familia y amigos, contaba con el visto bueno del público y del staff. A donde quiera que íbamos, los fotógrafos, por ejemplo, preguntaban por la hija del entrenador de las Chivas. A lo largo de la noche gané tres premios especiales: el Premio a la Mejor Cabellera, el Premio a la Mejor Voz y el de la Chica Fotogenia, entregado por la prensa. Por supuesto, mis detractores aseguraban que sobresalía exclusivamente porque mi papá era Jesús Bracamontes y no dejaban de sentenciar que el resultado del concurso estaba decidido de antemano a mi favor por aquella circunstancia.

A mí no me encantaba oír eso, pero por supuesto que todo en la vida influye, quiera uno o no. Seamos honestos: sería absurdo decir que no llamaba más la atención por ser la hija de un famoso. Para mí siempre ha sido una bendición ser hija de mi padre, no por las puertas que me abrió su figura, sino porque me ha llenado el alma desde que tengo recuerdos. Bien como jugador en retiro, dueño de una tienda deportiva, entrenador de un equipo de segunda división, de las Chivas o de sus nietos; bien como el comentarista de Univision, que hoy es o lo que venga después, desde que nací él ha sido simplemente mi padre y por ese solo hecho me siento muy afortunada y así me sentiré hasta el último de mis días. Por eso, al final me daba un poco igual lo que se le antojara inventar a la gente. Además, tendría que soportar las habladurías hasta que concluyera el concurso, y quizás un poco más si es que ocurría lo impensable...

En un abrir y cerrar de ojos, como si se tratara de un acto de magia, llegó el momento culminante, el de las finalistas, y ahí estaba yo. Tres de las cinco ya habían sido descartadas. Quedábamos una participante más y yo, hombro a hombro, a punto de conocer quién ganaba la corona y quién quedaba como primera finalista. Era una locura, pero tenía una posibilidad real de ganar, ¡de ser la triunfadora! Fue ahí cuando me la empecé a creer, en medio de esa tensión como cuerda a punto de reventar.

Los conductores del programa eran Galilea Montijo y Reinaldo Suárez.

—Señoras y señores —anunció Reinaldo—, la ganadora de esta noche, para todos ustedes, de Jalisco para México, y seguramente haciendo un digno papel como lo harán nuestras amigas Libertad y Monserrat, es...

Momentos de suspenso, respiración contenida, silencio absoluto, sudor frío. Pensaba en mi familia, en que estarían sintiendo exactamente la misma emoción, los nervios a tope.

—Nuestra Belleza Jalisco 2000, corresponde este título a... ¡Jacqueline Bracamontes!

¡Catarsis! Entonces salí, con mi hermoso vestido de noche plateado, amplio y reluciente —y con mi par de tacones intacto— a recibir corona y ramo de flores. Esa noche cambió todo. Mis expectativas se transformaron, mi panorama tomó otros colores y otra profundidad. Quizás por primera vez desde que recibí aquella llamada de Miguel Ángel Collado sentí que todo empezaba a cobrar sentido, no nada más me la creía, ahora tenía la certeza absoluta, ya no era un juego. Un sentimiento de profundo agradecimiento hacia mi familia, mis amigos y hacia Dios me inundó el pecho. No podía quitarme la sonrisa de los labios, a pesar de que algunos ofendidos gritaban desde las gradas: "¡Fraude, fraude!". La corona que yo había deseado muy en el fondo, tanto que no me atrevía a confesarlo en caso de que no se cumpliera, se materializaba ante los ojos de una audiencia, en medio de la cual estaban las personas más importantes de mi vida.

Siempre le di a la disciplina un papel esencial en mi formación y en el logro de mis objetivos, tal como aprendí en casa, pero después de aquella primera gran victoria tomé verdadera conciencia de que, además del trabajo individual, todos tenemos el derecho de soñar en grande, porque son precisamente esos sueños los que tienen el poder de cambiar el curso de la vida cuando somos lo suficientemente valientes para luchar por ellos.

Te cuento dos de mis sueños

- Estudiar y prepararme para ser una gran empresaria
- Ser la mejor mamá para criar a mis hijas como personas de bien

¿Cuáles son los tuyos?

12

Entre reinas y princesas

Casi no tuve tiempo de asimilar mi victoria. Un par de días después de Nuestra Belleza Jalisco me trasladé a la Ciudad de México para comenzar el entrenamiento del certamen nacional, Nuestra Belleza México, que se llevaría a cabo el 2 de septiembre; estábamos en agosto. La dinámica del concurso era más agitada y compleja, y la competencia, mucho más cerrada. No había tiempo para tonterías, como decir que una de nosotras era de entrada la favorita, aunque; al igual que en toda competencia, quienes tenían información empezaron a lanzar sus apuestas al medir el talento, el carisma y las posibilidades de cada una.

No éramos treinta y dos participantes, o sea una por estado, sino cuarenta y tres, ya que de algunas entidades había dos concursantes, Sinaloa y el Distrito Federal entre éstas, y ello potenciaba las rivalidades.

El certamen constaba de dos concursos, cada uno con jueces distintos. El primero era la semifinal de Nuestra Belleza México, donde, de las cuarenta y tres participantes, se elegía a veinte.

135

De entre ellas salía, esa misma noche, una ganadora con el título de Nuestra Belleza Mundo México, que participaría en Miss Mundo, el segundo certamen internacional en importancia. El otro concurso era la final, donde de las mismas veinte finalistas se coronaba a la ganadora de Nuestra Belleza México, la que representaría a nuestro país en Miss Universo.

Lupita Jones fue nuestra gran consejera y maestra. Nunca dio trato especial a ninguna ni mostró predilecciones. A todas nos trataba con el mismo rigor y nos felicitaba cuando consideraba que habíamos hecho algo bien. Su relación con nosotras fue la de una mentora experimentada, responsable y justa. Convivir con ella nos dio la oportunidad de ver de cerca las cualidades que la habían llevado a merecer la corona y a ostentarse, hasta ese momento, como la única mexicana Miss Universo. Le estoy especialmente agradecida, no sólo por su papel de guía, sino porque fue la primera que, sin conocerme, me puso atención y descubrió en mí posibilidades que ni siquiera yo había notado.

Llegué al Hotel Radisson de la Ciudad de México, donde estuvimos concentradas durante casi tres semanas. Todos los días teníamos entrevistas, íbamos a sesiones de fotos y grabábamos cápsulas para los patrocinadores. Al principio yo me sentía segura, con el ánimo de darlo todo, igual que en el certamen estatal. Después de algunos días, me di cuenta de que la situación de Jalisco se repetía: empezaban a señalarme como una de las favoritas y a sentir cierta antipatía hacia mí. Recuerdo que en una ocasión fuimos a hacer unas cápsulas a Reino Aventura —ahora Six Flags—, a la sección donde en aquella época daban el espectáculo de focas y delfines, y uno de los *hosts* preguntó:

—A ver, ¿quién es la hija del entrenador de las Chivas?

Todas voltearon a verme con ojos de fastidio. De alguna u otra manera, sin que yo lo provocara —lo juro—, la atención terminaba puesta en mí. Ser la hija del director técnico del club de futbol más grande de México definitivamente llama la atención. Ese mismo día, el *host* preguntó quién quería acercarse a tocar a los delfines. Muchas alzaron la mano, pero yo, sin siquiera alzar el dedo meñique, fui la elegida. Mientras bajaba de las gradas escuchaba la protesta unánime, que nadie disimuló; fue tanto su coraje que no me dirigieron la palabra el resto del día. El sentimiento me transportó a aquellos lejanos recreos en el Vera-Cruz, antes de que el choque con Karla colisionara nuestros universos. Tampoco estaba completamente aislada, me llevaba bien con algunas, como con Paulina Flores, de Sinaloa —quien, además, era mi prima lejana, de lo cual me enteré entonces—, aunque ninguna se convirtió en mi amiga.

Después de Reino Aventura llegamos al hotel y Lupita nos llamó a todas a una junta. Nos sentó en un salón y con tono sumamente severo dijo:

—Sigan portándose así con Jacqueline, quejándose y poniéndole caras. La ley de la vida es que cuando quieres hacer menos a una persona, le das más fuerza. Si ustedes siguen dándole esa fuerza, lo único que van a conseguir es que gane.

Me sentí como si estuviera en la primaria y la maestra aplaudiera mis buenas calificaciones y me pusiera como ejemplo frente a todo el grupo. ¡Me moría de vergüenza! Al parecer, mientras más me esforzaba en mantener un perfil promedio, más expuesta quedaba. Nunca habría imaginado que fueran a regañarlas por algo relacionado conmigo, aunque no fuera mi culpa.

Otra vez, en una sesión con Carlos Latapí, uno de los más reconocidos fotógrafos en el mundo de la farándula, llegué al estudio con un ejemplar de *Esto* bajo el brazo. Las Chivas habían tenido partido ese fin de semana y aquél era el periódico con la información deportiva más completa. Yo era una lectora asidua, pero resultaba tan inusual no sólo que alguna de las participantes llegara con un periódico, sino que, además, fuera el *Esto*, que inmediatamente llamé su atención, para infortunio de mis competidoras.

Entonces sí empecé a ponerme nerviosa de verdad. El regaño de Lupita no aplacó la molestia de mis compañeras, al contrario, avivó su rivalidad. Si antes no era evidente que yo podía perfilarme como la favorita, ante el claro disgusto de las otras, ahora ya no había duda. Una vez más, nadie me hablaba, y también, como en Jalisco, acabé llevándome mucho mejor con el personal del staff que estaba al pendiente de nosotras. La mayoría de los camarógrafos, maquillistas y personal de Televisa que conocí durante esos días me siguen saludando con entusiasmo cada vez que nos encontramos en cualquier producción. En cambio, no he vuelto a saber nada de las concursantes.

Parte importante de nuestra preparación durante esas semanas fue la dieta. Todas llevábamos el mismo menú y el personal del hotel tenía instrucciones precisas sobre qué podíamos comer y qué no. Era un régimen sumamente estricto, con las calorías contadas, diseñado por una nutrióloga para esa ocasión específica. No podíamos comer miel, nos quitaron el limón, la sal, el azúcar, obviamente, y nos la pasábamos tomando agua y comiendo frutas y lechuga. Yo entendía que era parte de nuestro cuidado, pero cada persona tiene un metabolismo y necesidades distintas. Es imposible que una misma dieta funcione para cuarenta y tres personas. Además, con el antecedente que había tenido al volver de Francia, aquello no me resultaba sano. Me sentía desganada, triste, me faltaba energía y, la verdad, sólo pensaba en comer. Recuerdo que en cierta ocasión, una de las señoras que nos cuidaba fue a la tienda y yo le rogué que por favor me comprara unos polvorones, porque me moría de hambre. Para una persona de natural complexión delgada, como era mi caso, ese régimen resultaba excesivo. Yo no podía vivir de lechuga, manzanas y agua. De hecho, ahí mismo me pregunté cómo pude en algún momento llegar a comer tan poco. Ahora me parecía inconcebible. No aguanté más y no soy de las que se quedan calladas, así que un día fui a hablar con la nutrióloga para contarle cómo me sentía y ella, un poco a regañadientes, me permitió alimentarme según estaba acostumbrada.

Pese a todo, sentía que estaba cumpliendo un sueño. A veces, me parecía irreal que cuestiones que antes no eran más que pequeños rituales adolescentes, como el acto de maquillarme, peinarme o escoger la ropa que iba a usar un día, cobraran una relevancia tan grande que de eso podía depender ganar o perder. Es cierto que la belleza, al menos como la concibo, no se mide sólo por la apariencia, sino que es un equilibrio entre un alma bella y un físico agradable. Mientras trabajes en tener un alma bella, sin importar el tiempo que pase, siempre serás hermosa. Eso sí: la carta de presentación debe ser impecable. Siempre me gustó verme bien. Y éste es un momento de confesión: de las bendiciones que Dios me dio y las habilidades que aprendí con los años, el maquillaje y el peinado nunca estuvieron en un buen lugar. De hecho, fuera de los nervios, mi inseguridad se reducía a esos dos actos tan íntimos que una mujer realiza frente al espejo. Siempre lo intentaba, pero el resultado nunca era el deseado. Por supuesto, a los quince años probablemente no te critiquen unos ojos mal delineados o un peinado desafortunado —y siempre puedes recurrir a la cola de caballo y asunto arreglado—. Pero en un certamen de belleza cualquier descuido se convierte en un desastre de dimensiones épicas, transmitido en cadena nacional y replicado en todas las portadas de las revistas de chismes. Excepto en las sesiones de fotos oficiales, que hacíamos con el staff de Televisa, así como en el día final del concurso, donde había un grupo de peinadores y maquillistas, cada una debía maquillarse y peinarse por su cuenta. Yo desde muy joven me acostumbré a ponerme en manos de expertos: cada vez que tenía una fiesta o algún evento mi mamá me llevaba al salón de Javier de Robles y así salía del apuro. Él fue mi peinador de cabecera hasta los quince años. Después, mis infalibles fueron Sergio Amezcua y Vero Campos. Aquí no podíamos recurrir a ningún experto externo, ni para asuntos de belleza ni del alma, así que cuando necesitabas un abrazo o un tip de belleza o lo que fuera que te hiciera sentir bien, nuestro único contacto con el exterior era el teléfono. Aún no sé cómo libré aquellas batallas frente al espejo con la cara lavada y el pelo mojado, recién salida de la regadera.

De lo aprendido sobre maquillaje y peinado

- Los correctores son muy importantes: es preciso aprender a usarlos para resaltar tu belleza
- Nunca salgas a la calle sin enchinarte las pestañas: muchas veces, sin necesitad de pintarlas, luces completamente diferente
- Usa bloqueador en la cara para evitar que te manches con el sol, ¡yo hasta lo uso dentro de casa!
- En cuanto al peinado, ya sea que uses secadora o tenazas, siempre, siempre, debes ponerte cremas que te protejan del calor

No obstante, lo realmente duro de soportar no fue la hostilidad de mis compañeras, ni la dieta, ni mi incompetencia en asuntos de cosmética, sino algo contra lo que en serio no hay remedio, ese insoportable mal contra el que no existe un plan B: la migraña. A la mitad de la concentración, después de una sesión, empecé a sentir que la vista se me nublaba y un zumbido me taladraba los oídos. Supe lo que se aproximaba y corrí a mi cuarto antes de que fuera peor, porque una vez que me daba, no había nada que hacer. Cerré las cortinas y me quedé a oscuras, esperando que aquel dolor espantoso se fuera. Por lo general unas horas después ya me sentía bien, aunque una vez, cuando estudiaba en Overbrook, me duró quince días en los que, literalmente, quería morirme. Estaba tan mal que tuve que encerrarme en el sótano para que no me llegaran ni la luz ni el ruido exterior, porque cualquiera de las dos significaba un martirio. Tan sólo de recordarlo siento que me estalla la cabeza. Pero aquél había sido un caso muy raro y no se había repetido. Las migrañas me dan, hasta la fecha, cuando no he dormido o cuando estoy bajo mucha presión. Mi carácter perfeccionista y obsesivo me predispone.

Mi solución para la migraña

Al primer síntoma —en mi caso es cuando empiezo a ver letras borrosas— tómate unas pastillas para combatir el dolor. Después, ponte aceite esencial de menta en la sien. Cierra los ojos y respira profundamente.

Encerrada en mi habitación del Radisson perdí la noción del tiempo, lo único que sabía es que habían pasado un par de días. No salía ni a comer, me llevaban la comida al cuarto. Obviamente, no pude cumplir ninguno de los compromisos que teníamos agendados esos días. Seguramente, mis compañeras se quejaban de que la de Jalisco estaba descansando, calientita, en la cama, sin nadie que la molestara, mientras ellas se sometían a unas jornadas exhaustivas de entrevistas y fotos. Yo sólo quería librarme del suplicio. Sentía como si mi cabeza hubiera estado encerrada en uno de esos aparatos de tortura medieval que terminan por despedazarte, estaba peor que nunca, a tal grado que tuve que llamar a mi mamá. Claro que el hecho de que ella fuera al hotel, lo cual estaba prohibido en condiciones normales, generó más resentimiento hacia mí, como si no hubiera tenido ya suficiente. Estuve a punto de renunciar, pero por suerte el dolor y el malestar empezaron a ceder.

Quise retomar mi participación con el mismo entusiasmo con el que un día antes deseaba desaparecer de la faz de la tierra. Después de haber estado recluida, mi regreso tenía que ser espectacular. Mi mamá se las arregló para llevarme clandestinamente a una peinadora de confianza que me dejara presentable. Cuando salí a la sesión de fotos, con maquillaje insuperable y una cabellera soberbia, todos se quedaron con el ojo cuadrado.

Listas para el concurso, nos llevaron a Apizaco, Tlaxcala, sede del evento. Había una semana de diferencia entre la semifinal, donde se escogería a Nuestra Belleza Mundo México, y la final, de la que saldría Nuestra Belleza México 2000. Afortunadamente, entre los expertos que nos arreglaron durante todo el certamen estaba Alfonso Waithsman, el maquillista de las estrellas, que iba de parte de Televisa. Waithsman es un tipo especial, sabe lo que vale su trabajo y se cotiza; él escoge a quién maquilla. Todas queríamos que nos tocara con él, pero nos dijeron que las afortunadas se escogerían a través de un sorteo. Yo sabía —me imaginaba— que no, por supuesto que era él quien decidía, eso decía la leyenda. Sólo para agregarle un toque más de rencor a las participantes, me seleccionó. Quedé como una princesa, me sentía soñada. ¡Ahora sí tenía todo para ganar! ¡Fuera inseguridades! Quise tomar mi buena suerte como guiño del destino.

Las apuestas estaban en el aire y entre las cinco favoritas estábamos Paulina, mi prima, y yo. La semifinal transcurrió sin

142

incidentes maliciosos como el de los tacones en Jalisco. Llegó el momento en que empezaron a llamar una por una a las veinte finalistas. No entendía en qué orden las iban convocando los conductores, decían un nombre tras otro y ninguno era el mío. ¿Qué pasaba? ¿Y si no me llamaban? Previamente, todas las concursantes habíamos pasado con cada uno de los jueces —eran diez— y yo había salido con una buena sensación, porque no seré muy buena para hacer amigas, pero sí para contestar preguntas, desde la escuela. Y a ellos, según yo, les respondí bastante bien, de manera abierta y natural; creo que les transmití esa empatía que me distingue. No sabía en qué orden llamaban, pero estaba segura de que iba a quedar entre las veinte elegidas; sabía, sin alardear, que quedaría entre las candidatas más probables a la corona. Así que cuando llegaron a la finalista número diecinueve y Lupita dijo mi nombre, lo único que me pasó por la cabeza fue que el cielo —y Lupita— me nombraba hasta el final para castigarme por arrogante.

Después de desfilar en traje de noche, y tras la sección de preguntas y respuestas, empezaron a designar a las cinco finalistas. Decían un nombre y después otro. Las concursantes pasaban al frente con esa sonrisa resignada de haber estado cerca, muy cerca. Quedamos solamente dos: Paulina y yo. Justo en el momento en que iban a decir quién sería la afortunada de ir a Miss Mundo, volví a sentir ese toque mágico. Recuerdo ese instante con lujo de detalle. Paulina y yo estábamos tomadas de la mando cuando Lupita anunció:

—Y la que va a representar a México en Miss Mundo es…
—sonido de tambores en mi cabeza y silencio entre el público—
¡Jacqueline Bracamontes!

El segundo concurso de belleza en el que llegaba a la cima como reina. Desfilé de ida y de vuelta con mi corona y mi ramo de flores. Me sentía plena y bendecida. Había logrado la misión que en un inicio acepté con un inocente "¿por qué no?".

Tras el festejo, supuse que iría a representar a México en Miss Mundo y que mi paso por Nuestra Belleza México concluiría ahí, pero enseguida me dijeron que aún faltaba el otro concurso y me recordaron que estaba entre las veinte finalistas. ¡Uf! Y yo pensando que podría ponerlo en mi *check list* como misión cumplida. Nada de eso.

Lo primero que hice al volver al hotel fue guardar mi corona, mis flores y mi sonrisa. En otras palabras, actué como si no hubiera ganado y me hice a la idea de que todo comenzaba ahora de cero, a pesar de que en mi cabeza no cabía la posibilidad de ganar las dos competencias, hasta por alguna cuestión estratégica de los organizadores o por muchas otras razones sin fundamento que espetaba mi mente a mi corazón cuando fantaseaba y alcanzaba a emocionarme.

Es redundante mencionar que mis compañeras consideraban injusto que yo siguiera ahí después de haber ganado el primer concurso; pero esas eran las reglas del juego. Pese a intentar mantenerme tan alerta como en las semanas anteriores y pretender que no había ganado, un triunfo es como un dolor de muelas: imposible de esconder o disimular, ya que desde ese día me liberé de toda responsabilidad y la presión en mi cabeza se desvaneció con el peso de la corona que ya estaba segura en mi clóset. Me relajé, me divertí en cada entrevista, disfruté las sesiones que quedaban y tuve la oportunidad de dejarme ir sin pensar que al mínimo error perdería puntos. En las entrevistas con los jueces estaba de lo más tranquila, sonreía y bromeaba. Por fin pude respirar, porque, a mi entender, era imposible que volviera a ganar.

De las semanas que duró la concentración, la última fue sin duda la mejor. Bueno, para mí, porque las otras diecinueve todavía tendrían que pelearse por la corona más valiosa, la de Nuestra Belleza México. El día de la final, a pesar de estar segura de que no ganaría, quería verme majestuosa. Como Waithsman me había maquillado la primera vez, yo ya sentía que éramos los mejores amigos y me tomé la confianza de decirle, tan fresca:

—Tú me vas a maquillar, ¿verdad?

Y él también, muy fresco, respondió:

—Ay, ¡claro que sí, Jacky! No te preocupes, yo te maquillo.

Y llegado el momento, ¡nada de nada! En el supuesto sorteo no apareció mi nombre. ¡Claro! Como yo ya no tenía posibilidades de ganar, Alfonso me había dejado a mi suerte. Al final me maquilló una muchacha con talento de aprendiz: los ojos quedaron demasiado negros y rasgados. No me gustó, pero era lo que había. Tuve que hacerme a la idea de que no pasaba nada, porque esa noche lo más probable era que yo me quedara al fondo como estatua cuando llamaran a la ganadora.

Afuera, en el mundo real, la Garnica ostentaba el título de "jefa de logística". Mi papá le asignó la organización de la porra oficial Bracamontes Van Hoorde rumbo a Miss Universo, y ella rápidamente se puso a cotizar camiones y hoteles para todos en Tlaxcala. Se hizo una colecta entre los que querían ir y con eso se pagó el viaje multitudinario. El hospedaje en Apizaco estaba tan saturado debido al concurso que Karla se vio obligada a reservar lo que había disponible: ya fueran cuartos con un catre, literas, para cinco personas o una suite con jacuzzi, cama queen size y vista panorámica. Iban amigos, primos, tíos, amigos de los amigos y colados. Eso sí, mi Mamayoya en primer lugar apoyándome con todo el entusiasmo del mundo, como siempre.

Antes del concurso, Karla me dijo que Joaquín Beltrán estaba entre el público. Si a lo largo de aquellas complicadas semanas había logrado dominar mal que bien mis nervios, entonces sí me fue imposible. ¿A qué habría ido Beltrán después de tanto tiempo sin saber uno del otro? ¿Habría despertado una mañana y se había dado cuenta de que quería intentar algo conmigo? Pues no. Después supe que su mejor amigo, Humberto, lo convenció de ir.

En cierta medida, fue bueno salir al escenario con la idea de que yo no tenía chance de ganar. Como no era necesario probar nada, mi participación estuvo llena de espontaneidad. Mi comportamiento fue más abierto y seguro. Realmente lo pasé bien. Me daba curiosidad saber a quién coronarían, aunque yo, en el fondo, creía —y quería— que sería Paulina.

Desfilamos en traje de baño y de noche. Yo, que moría de pena al imaginar que todos me verían en traje de baño, pensé en hacer lo que mi mamá me había aconsejado, visualizarme con la más espectacular de las seguridades, como si desfilara con el vestido más deslumbrante de la noche. Luego me di cuenta de que íbamos a salir con una chalina, así que aproveché la prenda para cubrirme la parte baja de la espalda, mi ya comentada cadera, y asunto arreglado.

Consejo

Siempre que uno tiene una debilidad, hay que buscar la fortaleza para contrarrestarla. Mi debilidad es mi cadera, porque no me gusta; entonces mi fortaleza es mi cintura y siempre procuro resaltarla. ¡Haz lo mismo y verás que eso te vuelve más segura!

De pronto, me nombraron entre las diez finalistas y entonces sí me invadió un ligero nervio. Ésa es la parte más temida del show, cuando se acerca la hora de las preguntas, donde supongo que todas nos ponemos nerviosas y terminamos diciendo lo primero que se nos ocurre. Adela Micha, quien nos pondría a prueba, nos sentó en dos sillones en grupos de cinco y empezó a cuestionar: "¿Por qué creen que es importante esta etapa? ¿Qué entienden por belleza? ¿Qué pasa con la competencia entre mujeres? ¿Cuáles son sus deseos más vehementes?" ¡Dios! El tipo de preguntas cuyas respuestas requieren más que unos cuantos segundos para pensar y responder a fondo, de lo contrario terminas contestando lo que es políticamente correcto, casi de manual. Por querer lucirse ante Adela, ante los jueces y ante el público, mis compañeras parecían arrebatarse la palabra, apenas terminaba una, la otra ya estaba adornando su respuesta con mil frases que ocupaban mucho tiempo y decían poco. Una de las cosas que nunca hago es pelearme por la palabra, me parece poco decoroso. No puedes perder el estilo de esa manera, y menos en un concurso importante. Así que yo esperé a que hubiera un espacio libre, y sin prisa, sin vacilación ni rodeos, contesté por qué creía que eran importantes las preguntas. A veces, pocas palabras dicen más que un discurso. Recuerdo que incluso una de las finalistas se esforzó ingenuamente en desmentir la creencia generalizada de que, tras bambalinas, había competencia entre nosotras, pues ella había encontrado a cuarenta y dos amigas que estarían dispuestas a ayudarla en todo momento y a trabajar en equipo, mujeres fuertes, bellas y nobles que no dudarían en apoyarla para lo que fuera. ¿Qué decir después de esa declaración?

Ahora yo soy la que se pregunta: ¿qué pasa con la competencia entre mujeres? Creo que cada vez más mujeres están alzando la voz en el mundo. Debemos apoyarnos mutuamente.

En el último número de la noche cantó Francisco Céspedes. Sabía que cuando él terminara, anunciarían a las cuatro finalistas y a la ganadora. Respiré profundo. Aquel sueño maravilloso estaba a punto de llegar a su fin. Mañana, pensaba yo, estaré a esta misma hora en mi casa contando a mi familia y amigos cómo fue estar aquí. Después sería lo de Miss Mundo, en Inglaterra, y asunto concluido. En ese momento de la final, todo lo que de mí dependía estaba hecho. La moneda estaba en el aire. Pensé en mi mamá, mi papá, mis hermanos y en la Garnica, que se había aventado el monumental trabajo de organizar la porra. No sabía qué esperar, pero como ya tenía mi ansiada victoria, no me di el lujo de soñar más alto. Quizás aún pensaba que después del certamen regresaría a Guadalajara a terminar mi carrera.

Llegó el momento definitivo. Nombraron a las últimas finalistas: la cuarta fue Zacatecas; la tercera, Quintana Roo, que era otra de las favoritas indiscutibles; la segunda fue Sonora… Y en ese instante me preparé para dar mi mejor sonrisa como la primera finalista y suplente, ya que la ganadora sería, por supuesto, Paulina. Cuando estábamos en espera del dictamen, tomadas otra vez más de las manos, le dije al oído, sin perder la sonrisa:

—¡Vas a ganar tú!

Y fui sincera. Lo que ocurrió a continuación en verdad me tomó por sorpresa.

—La primera finalista y suplente de Nuestra Belleza 2000 es ¡Paulina Flores Arias! —anunció Sergio Goyri— ¡Por lo tanto, Nuestra Belleza México 2000 es Jacqueline Bracamontes!

¿Qué? ¡No sabía que podía pasar eso! ¿Cómo podía ganar las dos coronas? De inmediato Paulina, quien automáticamente quedó como la representante de Nuestra Belleza Mundo México, me abrazó, también con total sinceridad, me felicitó y me deseó éxito; Jan y Gabriel Soto me entregaron las flores y la tan deseada banda

de Nuestra Belleza México. Yo no paraba de dar las gracias al público, no sabía qué otra cosa decir o qué hacer, estaba sumamente
emocionada, con el pecho estallándome de alegría.

—Jalisco arrasó este año en Nuestra Belleza México —subra-
yó Lupita—. ¡Así que Jacqueline es nuestra nueva reina!

Aquella noche mi vida encontró su cauce y hoy soy una mujer
bendecida que todos los días, antes de dormir, nada en su lago
interior con la dicha de ser quien es, lista para fluir al día siguiente. Lo que ocurrió ahí me abrió la puerta a otra dimensión, a una
nueva realidad, a un universo que antes, cuando era niña y adolescente, sólo existía en mi imaginación.

Claro que no regresé a la universidad, ya que finalmente uno
va ahí con la intención de prepararse para posteriormente de-
dicarse a lo que más le gusta y mejor sabe hacer. Sin embargo,
como no me gusta dejar las cosas a medias, de repente siento que
no haberles dado a mis papás la satisfacción de verme con un título después de todo el esfuerzo que hicieron por mí es una piedri-
ta en el zapato. Al mismo tiempo estoy tranquila, pues a partir de
entonces inicié una carrera que me hace sentir feliz y plena.

13

El sabor del fracaso

Me sentí imparable. Desde pequeña me acostumbré a perseguir mis objetivos con la tenacidad de mi madre y la constancia de mi padre. Además, siempre me consideré muy afortunada. De un momento a otro me vi envuelta en un torbellino de nuevas experiencias, estaba hambrienta de mundo, quería saber qué vendría, cómo cambiaría mi vida, qué tan alto podía llegar.

Nos fuimos a festejar toda la noche a un bar. Fueron mis papás, obviamente la Garnica y MaríaU, varias amigas y también Joaquín Beltrán, quien me felicitó, aunque no dio muestras de querer confesarme nada. Me prometí terminar temprano la celebración, casi como la Cenicienta, porque a las nueve de la mañana tenía una sesión de fotos, pero era tal la felicidad y el alboroto que llegué al hotel a las seis de la mañana. No soy de las personas que pueden seguirse de filo después de una noche de fiesta, necesito dormir al menos unas dos horas para sentir que ya es otro día. Eso fue lo que hice. Al día siguiente estaba tan fresca como si hubiera descansado toda la noche y trabajé buena parte del día, pero cuando acabé estaba exhausta y me fui a la cama temprano.

Ese domingo era el clásico de clásicos del futbol mexicano: Chivas-América en el Azteca. Yo, por supuesto, me fui en el camión del equipo y llegué al estadio con mi playera rayada, mi corona y mi banda de Nuestra Belleza. Desfilé ante casi cien mil fanáticos enardecidos –la mitad de los cuales me rechiflaron, pero a mí no me importó– en un partido de locura que terminó con un marcador 3-0 con victoria para el Rebaño Sagrado –¡y en el nido águila!–. El lunes en la mañana me topé con el encabezado del *Esto*, que decía: "¡Fin de semana de los Bracamontes!". Qué maravilla: el viernes había ganado yo y el domingo Jesús Bracamontes y sus Chivas.

Pude regresar a Guadalajara por unos días para darme un baño de realidad; aunque ahora mi realidad era otra y tenía que hacerme a la idea, debía creer que todo eso me estaba pasando.

Me mudé al Distrito Federal, a un departamento que Televisa acondicionó especialmente para la ganadora de Nuestra Belleza y que estaba al cuidado de Estelita, una señora que también tenía la misión de orientarme y procurar que viviera lo más cómoda posible. Ella hizo que mi transición fuera menos tropezada. Durante un año fue como mi mamá adoptiva y estoy muy agradecida con ella porque nunca me dejó sola.

Un día, Joaquín fue a visitarme. Había esperado tantas cosas que no tenía idea de qué iba a decirme. Me confesó que había regresado con su exnovia, a quien amaba y nunca había olvidado, y con quien, por cierto, hoy está casado. Nos dimos un abrazo y seguimos siendo tan amigos como, de hecho, siempre lo fuimos.

Estaba tan inmersa en mi nueva vida que no me quedaban muchas ganas –ni tiempo– para pensar en una pareja. Cada día terminaba fulminada, pero satisfecha de tener esa oportunidad de desarrollarme. Después de todo, pensaba, me había metido a Comunicaciones para entrar en el mundo de los reflectores, así que estar ahí era la realización de un deseo. Además de las sesiones, desfiles, ensayos y distintos eventos, tomaba clases privadas de distintas materias en el CEA de Televisa, desde automaquillaje hasta oratoria, historia, pasarela, diseño de imagen, inglés, etcétera. Comencé a sentir que había nacido para estar precisamente donde estaba. Y aún más allá. Mis papás, mis hermanos y Karla iban a visitarme a menudo, así que nunca perdí contacto con la gente que me apoyó y estuvo conmigo desde el inicio.

En diciembre de 2000 me mandaron a Guadalajara para el desfile de las estrellas, que se celebraba cada año en la capital tapatía. Estaba con Karla y con Marifer Morales en mi casa, viendo revistas y tonteando, cuando la Garnica me dijo:

—Mira a éste, deberías hacerte su novia —y me enseñó un ejemplar de la revista *People en español*, entre cuyas páginas aparecía una nota sobre un guapo actor.

—No está mal —le respondí intentando parecer indiferente, y las tres reímos.

¡Era muy guapo! Un rato después, llegó Alina e intentó convencernos de que fuéramos con ella a un antro, al Vangó. No teníamos ganas de salir, Karla había terminado con su novio y nuestro plan era acabarnos la caja de kleenex, comer nieves y sacar las galletas de animalitos, pero Alina se moría de ganas de ir con su novio y mi mamá le había dicho que no la dejaría ir sin nosotras. Teníamos que acompañarla en plan de chaperonas.

Al llegar había tremendo alboroto porque adentro estaban algunos actores de la telenovela de moda, *Primer amor a mil por hora*, que participarían también en el desfile.

—¡Jacky, mira! Es el de la revista, del que te dije que te hicieras novia.

A lo lejos alcanzamos a ver a Valentino Lanús, acompañado por Sebastián Rulli y Arleth Therán.

—¿Lo quieres conocer? —me preguntó Marifer, y más que una pregunta era una determinación.

—Pues como sea, me da igual —contesté yo, porque no iba en plan de ligue.

Marifer siempre ha sido muy aventada, nada le da pena, así que completamente decidida se acercó a Valentino y le preguntó, como si lo conociera de años:

—¿Quieres conocer a Miss México?

A los cinco minutos estaba en nuestra mesa. Yo lo saludé y él me declamó un poema que seguro utilizaba en todas sus conquistas, o eso pensé; no dudaba que fueran líneas sacadas de su libreto de telenovela. Esa noche hubo circo, maroma y teatro. Luis Alberto, que es su nombre real, se paró y caminó a su mesa para regresar de nuevo a la nuestra con una botella de champagne, todo un *show-off,* pero encantador. Platicamos toda la noche, nos reímos y no dejábamos de mirarnos a los ojos. Yo estaba fascinada y me pareció que él también. Karla, Alina y yo tuvimos que irnos a la 1:30 porque mamá nos había dicho que debíamos llegar antes de las dos. Sí, Miss México tenía hora de llegada. Marifer Morales se quedó. Valentino no me pidió mi número de teléfono ni una cita. Nada.

Al día siguiente fui con Karla al desfile de las estrellas. Ahí estaba Valentino, pero, raramente, aparte de intercambiar unas palabras rápidas, no pasó más y se fue. Nosotras nos dedicamos a pasear el resto del día con otro nuevo amigo, Pato Borguetti, a quien llevamos a comer tortas ahogadas.

Mi cumpleaños se acercaba y mi mamá le pidió a Karla que la ayudara a organizarme una fiesta sorpresa. Nuevamente estaba a cargo de convocar y organizar a los invitados. A mi amiga, siempre tan ingeniosa, se le ocurrió –¿por qué no?– que sería una buena idea invitar a Valentino. Y como el día del antro nos fuimos temprano, consiguió el teléfono del susodicho a través de Marifer.

—¿Valentino? ¡Hola! Soy, Karla, la amiga de Jacky, nos conocimos en el Vangó de Guadalajara hace unos días.

—¡Peligro! —así le llamó Valentino a la Garnica desde que la conoció— ¿Cómo estás?

—Bien, bien. Mira, va a ser el cumpleaños de Jacky y le vamos a hacer una fiesta sorpresa. Como vi que se cayeron muy bien, quería saber si quieres venir. No me malinterpretes, no soy tu fan ni te ando persiguiendo ni nada por el estilo. Esto es para Jacky. Si quieres venir, estás más que invitado.

—¡Claro que sí! ¿Qué día es?

—El 23 de diciembre —le respondió Karla, casi segura de que, por ser un día antes de Nochebuena, él diría que no, pero al menos se quedaría con la satisfacción de haber hecho el intento.

—¡Claro que sí voy! Háblame la próxima semana y nos ponemos de acuerdo.

—En eso quedamos.

Karla no pudo evitar sentir que Valentino le había dado por su lado, ¿a quién no le ha pasado así? En muchas llamadas telefónicas alrededor del mundo seguro pasa eso. Pero bueno, sólo quedaba confirmar en unos días si realmente iría. Por si las dudas, la Garnica tomó sus precauciones: como la logística era lo suyo, no perdió tiempo y reservó avión y hotel, porque seguramente todo empezaría a saturarse alrededor de esas fechas. Le llamó la siguiente semana, como habían acordado.

—La fiesta es en tres días, ¿vas a venir?

—Sí.

—Perfecto.

—Oye, pero no tengo reservación.

—Ya te reservé hotel.

—Tampoco tengo avión.

—Te reservé vuelo también.

—¡Me sorprendes, Peligro! ¿A qué hora sale?

—A las seis de la tarde.

—¡Híjole!

—¿Qué? —ahora viene el pretexto, pensó Karla.

—Es que no tengo llamado y me quería ir desde la mañana.

—Pues cámbialo.

Tal cual, lo hizo. Minutos después le avisó que su avión llegaba a las once de la mañana, y que había cancelado el hotel porque se iba a quedar con unos amigos de Guadalajara. Karla lo fue a recoger al aeropuerto, y cuando se subieron al coche le dijo:

—¡Qué valiente eres! ¿Cómo sabes que no soy una fan loca que te quiere matar?

—¿Y tú cómo sabes que no soy un tipo loco que te quiere matar?

—Buen punto. Oye, ¿te llevo a casa de Jacky? Digo, la fiesta es en la noche, pero puedes darle la sorpresa por adelantado si quieres.

—No. La fiesta es en la noche. Quiero verla hasta entonces. Mejor llévame a comprarle un regalo.

Karla accedió, pero por dentro se preguntaba qué haría todo el día con el mentado Valentino, cómo entretenerlo hasta la hora de la fiesta. ¿Hacer de guía de turistas? ¿Llevarlo a las tortas ahogadas? ¿A tomar un café? Además, ella tenía otra misión igual o más importante. Antes de la fiesta, debía sacarme de mi casa para dar tiempo a que los invitados llegaran.

Total que lo llevó a comprar flores. En el camino tuvo que escuchar su disertación sobre los diferentes tipos de flores, sobre cómo escoger las correctas, los distintos olores y los sentimientos que evocan, muy poético él. Luego, como no se le ocurrió otra cosa, lo llevó a casa de otra amiga a jugar basquetbol y después a una plaza comercial. La hora se acercaba. Karla tenía que apresurarse, así que se pusieron de acuerdo. Valentino se quedaría dando vueltas un rato en las tiendas mientras ella iba a recogerme; en media hora más o menos nos estaría esperando en la esquina de mi casa para sorprendernos cuando saliéramos.

Con una misteriosa sonrisa llegó por mí con el pretexto de llevarme a cenar. Nos subimos a su coche; yo tenía frío. Karla insistía en que hacía calor para bajar las ventanas, pero yo no quería. En eso, alguien tocó el vidrio, lo bajé y apareció un ramo de rosas que me tapaba la cara y no me dejaba ver quién estaba detrás.

—¿Flores para la señorita? —alcancé a escuchar.

—¡Ay, no! Gracias —iba a subir la ventana nuevamente.

—¡Flores para la cumpleañera! —insistió el sujeto.

Sólo entonces me di cuenta de que eso no era normal. Vi las flores y luego al que me las ofrecía. ¡Jamás me lo hubiera imaginado!

—¿¡Qué haces aquí!? —grité mientras los coches de atrás tocaban el claxon como si la Navidad se les fuera a escapar.

Valentino se subió al coche. Fuimos los tres al restaurante Sacromonte y ahí Karla dijo "con permiso" y desapareció. Regresó después de una o dos horas para llevarnos a la casa, donde me esperaba la fiesta sorpresa, aunque la verdadera sorpresa, la más emocionante, ya la tenía enfrente. A partir de ese día Valentino no se separó de mí. Pasó Navidad conmigo y con mi familia, con toda naturalidad, como si nos conociéramos desde hacía años.

Cuando regresamos al Distrito Federal la relación se volvió formal, aunque él se negaba a reconocer públicamente que éramos pareja, y aunque ese proceder es común en el mundo de las luminarias, a mí no acababa de encantarme. Él aseguraba que era por imagen, era el galán de moda y soltero cotizado, etiquetas con las que estaba muy cómodo. A mí definitivamente no me gustaban los condicionamientos, aunque comprendía que estaba en un punto álgido de su carrera y debía cuidar lo que decían de su vida personal; la soltería de un galán de televisión lo hace más cotizado en todos aspectos. Cada vez que le preguntaban si tenía novia, juraba que no o evadía el tema con esa seductora sonrisa que lo caracterizaba y hacía babear a las adolescentes, a otras actrices, seguro a algunos actores y a la gente de los medios.

En cierta ocasión nos fuimos a Tepoztlán con Karla y otra amiga; él y yo nos comportábamos de manera natural, tomados de la mano, sonriendo, en fin, como una pareja común y corriente. En esos años yo no era precisamente una celebridad, llevaba apenas tres meses con la corona de Nuestra Belleza; en cambio, a él lo reconocían en cualquier lugar. A Karla le molestaba que Valentino no reconociera públicamente nuestra relación, lo consideraba algo importante y en el fondo yo sabía que tenía razón. Se sentía responsable de mi estado sentimental, dado que ella había organizado todo para unirnos. Volviendo a la capital, las dos estábamos viendo un programa de chismes conducido por Juan José Origel en la televisión. Justo antes del corte comercial pusieron un teléfono en pantalla para que los televidentes se comunicaran. Karla, con su acostumbrada chispa, no perdió tiempo y conmigo al lado, quizás pensando que no iban a contestarle, llamó al número y dijo:

—Vi a Jacqueline Bracamontes y a Valentino Lanús agarrados de la mano en Tepoztlán. No se veían como amigos precisamente, andaban muy cariñosos.

Inmediatamente, ya al aire, le pasaron un papel a Origel y él dijo:

—Mónica González —claro que Karla no dio su verdadero nombre— nos dice que vio a Jacqueline Bracamontes y a Valentino

158

Lanús en Tepoztlán y que andaban muy cariñosos de manita sudada —Pepillo volteó a la cámara un poco sorprendido y con una risa pícara, los rumores siempre lo han hecho sonreír—, pero seguro se confundió, porque Jacky Bracamontes anda con Pato Borguetti, ¿no?

¡Claro! Ellos pensaban que Pato y yo salíamos porque nos habíamos visto una que otra vez, pero entre nosotros nunca hubo nada más allá de las tortas ahogadas en Guadalajara y una ida al cine. La llamada de la Garnica hizo efecto y todos los del programa empezaron a especular si sería cierto que él y yo teníamos una relación.

Cuando Valentino y yo empezamos a salir, no sabía nada acerca de sus romances previos. Un fin de semana nos fuimos de antro con mi mánager, Raúl, y su esposa. Aquella noche me enteré de una parte de sus antecedentes y, además, conocí a la persona que es responsable de mi felicidad actual. Valentino se encontró con un grupo de amigos, a los cuales me presentó uno por uno. Mucho gusto, beso, sonrisa y saludos. Una de las amigas me fulminó con la vista, sentí su mirada atravesarme, tal cual. Después de un rato la vi acercarse a donde yo estaba, fue directo hacia Valentino y lo empujó con todas sus fuerzas. Él perdió el control y cayó hacia atrás, tirando una mesa. Mientras todo esto sucedía, le gritaba no sé cuántas cosas. Ya estaba a punto de irse encima de mí cuando la detuvieron. Raúl, que durante la trifulca se dedicó a cubrirme la cara para protegerme de lo que pudiera suceder, me llevó a una sección apartada del antro y me dijo que era la exnovia de Valentino: Maki. Habían durado cerca de dos años y él no le había dicho aún que salía conmigo. Dejé a Valentino ahí y me fui con Raúl. A partir de esa noche le tuve pavor a Maki. Cada vez que me enteraba que iba a estar cerca de mí o en el mismo lugar, la evadía. ¡La mujer estaba loca! Luego supe que en esa primera

Navidad que Valentino y yo estuvimos juntos, él tenía planeado irse a Argentina con Maki a convivir en fin de año con sus papás. Pasada la escenita en el antro, Valentino me aseguró que platicaron y que ya no había nada entre ellos. Así que seguimos.

Pasaron los meses. Valentino, a quien nunca llamé por su nombre verdadero −porque a él no le gustaba−, se fue a Valle de Bravo a grabar el final de su telenovela. Un fin de semana que no tenía compromisos fui a visitarlo. Cuando llegué, me saludó con un beso en los labios frente a todos y nos tomaron varias fotos. Sólo entonces nuestra relación se hizo oficial.

Estuvimos juntos cuatro años y medio. La nuestra fue una relación muy bonita. Él era espontáneo, tierno y muy detallista. Invariablemente me sorprendía con atenciones que me hacían perder la cabeza. Me llevaba a lugares increíbles, me escribía poemas −que no eran parte de ningún guion de galán de telenovelas−, me compraba flores y, en fin, era como un sueño, la relación perfecta. O eso pensaba yo.

El certamen Miss Universo 2001 se llevó a cabo en mayo, en Bayamón, Puerto Rico. Igual que en los otros concursos, la concentración inició un mes antes. José Luis Abarca y Gerardo Rebollo, diseñadores de moda y de joyas, me proporcionaron −como parte oficial del concurso− dos trajes de día para algunos eventos del certamen y tres vestidos de noche. Mi amigo Alberto Rodríguez, diseñador tapatío, también me hizo algunos outfits para lucir en la gran noche. No había manera de que eso fuera suficiente. Mi mamá, que desde que yo era pequeña fue mi consejera de moda, me llevó de compras a San Diego para surtirme con el guardarropa que necesitaría todo ese mes. En un concurso como Miss Universo no puedes darte el lujo de no estar perfectamente vestida, peinada y maquillada todos los días, porque, de nuevo, todo cuenta, tanto los detalles acertados como los desafortunados.

La boda de mis papás
el 17 de diciembre de 1976.
¡¡¡LOS DOS GUAPÍSIMOS!!!

Mi papá siempre
habla cuando le están
tomando fotos.

El fútbol siempre ha sido muy importante
en mi vida. Nótese mi sonrisa cuando
me regalaron mi primer balón.

El tan deseado y usado vestido
de Blancanieves que me compraron mis papás
en mi primera visita a Disney.

¿Qué tal el bigote de mi papá
el día de mi primera comunión?
No se lo quitaba por nada, jajaja.

Me dio la comunión el Papa Juan Pablo II
el 24 de diciembre de 1992.

Ali, Jesús y yo

★ Unos años después ★

¿Te acuerdas que te conté de mi primera borrachera?
Fue después de tomarme esta foto en Mazamitla
con Ana Paula, Mariall, Susy, Marifer y Nicole.

la Gamica

Durante nuestro año estudiando en Overbrook
con Mariall, Sofi, mi prima y la Gamica.

No te fijes en nuestros looks. Jajaja.

Con mi Mamayoya adorada.
No le digas a nadie, pero yo era su consen (jeje).

Te extraño mucho.

El ballet fue parte fundamental
en mi crecimiento, porque
me ayudó a forjar mi carácter
y a adquirir disciplina.

¡¡¡ Una de las noches
más especiales de mi vida !!!

Martín me pidió que fuera su esposa
el 10 de diciembre de 2010 en Whistler, Canadá.

Foto familiar del día de nuestra boda
el 1° de octubre de 2011 en Guadalajara.
Nos pusimos guapos todos.

Con mis mejores amigos:
Los incondicionales Benhu y la Gamica.
¡Los adoro!

Como siempre,
fan de Disney.
Aquí estaba
embarazada
de Jackita y su
ahora angelito
de la guarda.

Mi Jackita feliz porque iba
a tener una hermanita:
Mi Carito.

Aquí el nacimiento de
Renata en Miami, Florida,
el 15 de julio de 2016.
Sus hermanas felices de
recibirla. Éste fue el momento
en que la conocieron.

Mini Jacky

La presentación
oficial de cada
una de nuestras
hijas en la revista
Hola.

Carolina

Renata

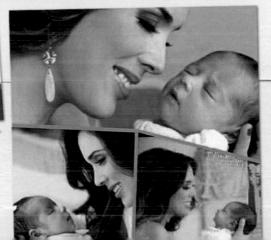

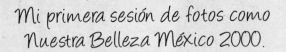

Mi primera sesión de fotos como
Nuestra Belleza México 2000.

A partir de este momento mi vida cambió.
Fue el inicio de una carrera hermosa
que me ha dado grandes satisfacciones.

Aquí durante el concurso de Miss Universo en Puerto Rico, en mayo de 2001

Al lado de Lupita Jones. Recibí grandes enseñanzas de su parte.

Al lado de mis papás, cuando gané Nuestra Belleza Jalisco. Ellos han sido y son mi gran apoyo, sin ellos no estaría donde estoy.

¡¡¡ Arriba las Chivas, !!!
sí, señor

En esta época mi papá era
el entrenador del rebaño.

Toño de Valdés,
Miguel Gurwitz
y yo.
Nos divertimos muchísimo
trabajando juntos.

Con mi Micha
querida y todo
el equipo de
En Contraste, desde
Los Cabos.

Con mis queridos
Sebastián Rulli y
Lalo Santamarina,
durante las
grabaciones
de _Rubí._

Inolvidables
momentos vivimos
Gabriel Soto, William
Levy y yo
en _Sortilegio._

Martín y yo en la final
de _La Voz México,_
temporada 4,
con mis coaches Julión
Álvarez, Yuri y Ricky
Martin. Sólo faltó mi
querida Laura Pausini.

Cómo me divertí
haciendo la obra
Un gallego en
París al lado de
mi adorado Derbi
(Eugenio Derbez).

Aquí posando con
la familia de
Un padre no
tan padre. Este
proyecto fue muy
importante para mí.

Algunos tips de moda

- Para una boda *jamás* te vistas de blanco, a menos de que seas la novia
- Ante la duda de cómo arreglarte para un evento, más vale que sobre y no que falte; es decir, mejor exagerar a ir mal vestida
- Reinvéntate y juega con la ropa que tienes en tu clóset, atrévete a experimentar combinaciones
- Si te escotas arriba, no te escotes abajo y viceversa

Llegué a Puerto Rico con muy buen ánimo. Estaba emocionada y con la mente puesta por completo en ganar. Si en Nuestra Belleza México sentía que la competencia era cerrada, en Miss Universo sería algo inimaginable, pero yo me sentía muy segura de mí misma, me estaban pasando cosas increíbles y, la verdad, me había esforzado mucho en hacerlo bien. Llevaba un guardarropa alucinante y confiaba en no tener problema con el asunto del maquillaje. En el aeropuerto de San Juan me encontré con Milly Cangiano, una famosa periodista con quien hasta la fecha tengo una relación muy linda. Ella me aconsejó que no me dejara maquillar ni peinar por la gente del certamen: era preferible que lo hiciera yo misma.

—¿Por qué? —pregunté.

—Porque ellos ya tienen a su favorita, Miss Puerto Rico, y te van a dejar horrible para que gane.

—¿En serio?

—Ajá, ten cuidado.

¡Y yo tan confiada en que todo iría bien por ese lado! Por supuesto, seguí al pie de la letra su recomendación y me mantuve

161

lejos de los maquillistas oficiales durante las cuatro semanas. No dejé que me tocaran ni siquiera el día de la pasarela. Con las clases que me habían dado en el CEA pude librarla al menos decentemente. Yo hubiera pagado feliz de la vida para que me dejaran llevar a mi propia maquillista, pero no estaba permitido y no podía arriesgarme a meter a nadie que me hiciera el favor. Hoy en día, cuando veo las fotos de mi pasarela, me da un poco de pena: no quedé como me hubiera gustado.

A la mitad de la concentración, Valentino me habló para decirme que iba a grabar una nueva telenovela con Maki de antagonista. ¡Maki! No sé qué iba a darme antes: si un infarto o un colapso en el hígado. No conseguía sacarme de la cabeza la idea de ellos trabajando juntos, viéndose todos los días, y hasta besándose en alguna escena que para mí sería una pesadilla. Me cayó tan mal la noticia que me puse nerviosa y me dio migraña, aunque esta vez no estuve encerrada por dos días, sino nada más unas horas. Había aprendido a confiar en él durante el tiempo que llevábamos juntos y la verdad es que jamás me había dado motivos para desconfiar. Antes de colgar el teléfono me pidió que estuviera tranquila, que confiara como siempre en él; a pesar de la incomodidad que sentía, creí en su palabra y en el amor que me tenía.

Pese a los nervios, logré concentrarme y me enfoqué en la importancia del concurso. En mis sueños me veía con la corona y el ramo de flores, con la cinta de Miss Universo puesta encima de la de Miss México, sonriéndole a mi país, dándole ese orgullo a mis papás, a toda mi gente, a mí misma. Tenía todo para ganar también ahí. Haría mi mejor papel.

Durante ese mes, la prensa barajó los nombres de quienes a su parecer tenían oportunidad de ganar. Una vez más yo estaba entre las primeras cinco. Un día antes del concurso, el *New York Times* confirmó mis deseos y posibilidades: en la portada aparecían las tres favoritas: Denise Quiñones, de Puerto Rico; Kandace Krueger, de Estados Unidos... y yo.

Al contrario de lo que pasó en México, en Puerto Rico no nos impusieron ninguna dieta. De hecho, nos ponían en la mesa un bufet de delicias irresistibles, quizás con la intención de ponernos a prueba. Yo me mantuve concentrada y no caí en la tentación, aunque tal vez me cuidé más de la cuenta, porque perdí kilos que, con seguridad, me habrían hecho verme mejor. Desayunaba avena y fruta, comía sopa y algo de proteína y cenaba lechuga.

Antes del concurso, por la mañana del mismo día, se realiza un ensayo general al que acuden quienes no alcanzan boleto para el evento de verdad, y que sirve para medir de cerca las posibilidades reales de las concursantes. En ese momento, a todas luces, Denise Quiñones destacó como la otra favorita, no sólo por ser la anfitriona, sino por auténtico derecho propio. Era simpática, guapísima, inteligente y tenía el porte de una reina. Lucía tan convencida de ganar que de inmediato surgió en mi mente la idea de que la competencia era entre ambas. En el ensayo me comporté como si fuera la gran noche. A pesar del maquillaje, a pesar de la noticia de Valentino, me sentía entera.

En Nuestra Belleza México, para la sesión de preguntas individuales, nos habían dado una hoja con doscientas posibilidades y nos advirtieron que una de esas era la que tendríamos que contestar en el certamen. Sin embargo, en Miss Universo no quise saber nada de las preguntas y decidí comportarme lo más natural posible, no ser otra más que yo, porque cuando confías en lo que eres capaz de alcanzar por tus propios medios no puedes llevarte una decepción. En realidad, todo lo que deseamos está en nosotros mismos. Dos días antes de la noche decisiva, las concursantes nos entrevistamos con los diez jueces, cinco y cinco en cada sesión. Contábamos con un traductor, pero yo decidí contestar desde el inicio en inglés, con honestidad y espontaneidad. Nada podía salir mal, me sentía segura. Cuando terminé ahí, el intérprete me dijo que en todos los años que llevaba en el certamen nunca le había tocado ver que alguien contestara así y a quien le fuera tan bien con los jueces. Tomé sus palabras como un augurio. Y cuando, en el ensayo, Naomi Campbell —que era la conductora del programa, junto con Elle Macpherson— me hizo la pregunta —no recuerdo cuál fue—, respondí de manera concreta, sin vacilación, dueña de mí misma, inteligentemente y en inglés. El público que asistió quedó encantado. Me aplaudieron tanto que para mí fue una premonición. Recordé mi participación previa ante los jueces y me cargué de energía y buena vibra.

La noche del 11 de mayo de 2001 salí al escenario del coliseo Rubén Rodríguez, en Bayamón, Puerto Rico, segura de cómo terminaría la noche. Igual que siempre, la porra más grande, o al menos la más escandalosa —además de la de Puerto Rico— era la mexicana. Toda la gente importante de mi vida, y buena parte de México, me observaba y esperaba que ganara. Lupita Jones, mis papás, mis hermanos, primos, amigos, Karla, MaríaU, mi Mamayoya y Valentino estaban ahí. De pronto pasaba por mi mente la posibilidad de no ganar, pues, por precaución, no hay que esperar siempre lo mejor. No obstante, me aferraba a la idea de que esa noche saldría con la corona. Nunca imaginé la posibilidad de no quedar ni siquiera entre las diez finalistas. Cuando llamaron a la octava, mis piernas flaquearon. Recordé la noche en Nuestra Belleza cuando Lupita dijo mi nombre en penúltimo lugar, pero esta vez nombraron a la novena y no fui yo. Tampoco habían llamado a Denise Quiñones y sólo quedaba lugar para una de las dos. En los segundos que transcurrieron entre la novena y la décima, supe que todo había terminado. Tuve que seguir sonriendo por protocolo, pero por dentro me desplomé. No podía creer que no hubiera sido seleccionada. Estaba segura de que podía haberme llevado la corona, la prensa y la gente en general me consideraba entre las dos favoritas. ¡Me pareció simplemente absurdo!

No paré de llorar el resto del evento. Más aún porque tenía que salir al fondo, de adorno, junto con las otras, mientras las finalistas competían todavía al frente. La porra que fue a apoyarme seguía gritando "¡México!" después de que me habían eliminado; eso me sacudía y me hacía sacar más lágrimas. Me trataba de recomponer como podía y simulaba buena cara. Jamás preví la derrota. ¡Mucho menos de esa forma! Lo único que quería era regresar a mi casa y correr a los brazos de mi mamá, como cuando era chica y llegaba a ella con lágrimas en los ojos y sangre en las rodillas tras una caída.

Al terminar el concurso se organizó una fiesta a la cual, por supuesto, no quise ir. Me reuní con mi papá, mi mamá y mis hermanos, quienes lloraron conmigo y me consolaron. Valentino me abrazó y me dio una tarjeta que decía: "Aunque el mundo no te declare su Miss Universo, para mí tú eres todo mi universo". El apoyo que recibí de parte de todos ellos fue indispensable para no hundirme y salir adelante.

En veinte años de vida nunca había conocido la verdadera derrota, no sabía lo que se sentía perder. Entonces me di cuenta de lo que dolía, más aún ante tantas miradas llenas de expectativas y, especialmente, ante las de unos cuantos —la familia y los grandes amigos— quienes sufrieron tanto como yo. El éxito desmedido también tiene consecuencias negativas cuando eres joven e inexperta: te sientes invulnerable, y bajo el influjo de esa creencia los golpes duelen más hondo. Ahora creo que las cosas siempre pasan por algo. No hay un error o una desgracia que no sirva para ayudarnos a crecer y descubrirnos a nosotros mismos. Dicen que "Dios aprieta pero no ahorca", nunca te pone pruebas que no puedas soportar, y así es como te das cuenta de lo fuerte que puedes llegar a ser, porque —ahora lo sé— aprendemos más de las derrotas que de las victorias. Los éxitos nos muestran continuamente la cima que nos prometimos alcanzar, pero los fracasos nos recuerdan que para llegar no basta con soñar, hay que caminar, tropezar y levantarse. Sólo la caída nos prepara para subir la montaña.

A la distancia, sé que no era mi destino ganar y lo agradezco, porque de lo contrario, probablemente, me habría creído invencible. A lo mejor hubiera perdido el suelo y quién sabe si alguien sería capaz de bajarme de las nubes. Ésa fue la lección de la vida más grande que recibí al empezar mi carrera. Después vendrían otras más dolorosas, pero hasta entonces yo no sabía que podía sentirme tan miserable y vencida.

Esa noche volví al hotel y no dormí, terminé con los ojos rojos e hinchados.

A la mañana siguiente me paré frente al espejo y me enfrenté conmigo: "Hoy es otro día y todo empieza de nuevo. Atrás, ni para tomar vuelo", me dije.

14

Novata otra vez

Y sí, cuando una puerta se cierra, se abren dos más.

Aparecí con mi corona y mi banda de Nuestra Belleza México en la pantalla de televisión, por el canal cuatro, un poco después de las siete de la mañana.

—Aunque siga siendo reina de México —dije—, dejo mi corona a un lado y a partir de esta mañana les voy a hablar de los deportes aquí, en *Visión AM* con Adela Micha.

A los pocos días del concurso decidí aceptar una invitación para estudiar en el CEA de Televisa. Tres meses después de Miss Universo, Adela me ofreció participar en su programa. No la conocía más allá de la sección de preguntas de Nuestra Belleza, ese había sido nuestro único acercamiento en persona. Cuando escuché su voz del otro lado del teléfono me emocioné. Me propuso conducir la sección de deportes en su programa y, después de dudarlo un buen rato, acepté. Un día antes de la presentación del programa ante la prensa me entraron los nervios y me arrepentí. Es justo en los momentos decisivos cuando mis inseguridades hacen de mí un completo desastre, sobre todo si debo incursionar en algo en lo que no tengo experiencia. No me gusta ser novata. Yo, una obsesiva de la perfección, ¿cómo iba a conducir un segmento deportivo en cadena nacional si de lo único que sabía era de futbol? Me habían preguntado en una conferencia de prensa de Nuestra Belleza qué me gustaría hacer en televisión, y yo respondí que quería ser reportera de deportes, pero siempre pensando en el futbol. Ahora la propuesta era hablar de todas aquellas disciplinas que yo desconocía: ¡no sabía nada de basquetbol, de americano, ni hablar del tenis o del baseball! ¡Natación, Tae Kwon Do, automovilismo! ¡No! Después me haría una experta también en el tema de carreras, pero faltaba mucho para que pudiera siquiera concebirlo. Me angustiaba hablar de algo que desconocía. Pero claro, todos en la vida somos nuevos en algo más veces de las que podemos contar, y sólo así se adquiere experiencia. Adela supo cómo manejar mi crisis de nervios y al principio me regañó.

—¿Tú crees en mí? —me preguntó más en tono de reproche que de duda.

—Claro que creo en ti, Adela. Te admiro muchísimo.

—¿Crees en mí como mujer? ¿Crees en mi trabajo?

—Sí, claro que sí —respondí.

—Entonces hazlo, por ti y por mí.

Me propuso que lo intentara durante una semana y que si no me sentía a gusto o capaz, podía irme. Ella no me lo impediría. ¡Qué sabio fue su consejo! Ella lo sabía. Además, ¿quién era yo para decirle "no" a Adela Micha? De alguna manera, ella vio algo en mí, igual que Lupita Jones antes del concurso de Jalisco, algo de lo que yo no era consciente. Me quedé. No una semana sino dos años, a lo largo de los cuales forjé las tablas para la faceta de conductora que desempeño actualmente.

Todo trabajo es una escuela para la vida. En *Visión AM* aprendí a arriesgarme, a ser responsable con los horarios (no hay un "se me hizo tarde por…"; a seguir riéndome de mí si me equivocaba y, aunque no lo creas, a distinguir el albur.

¿Qué has aprendido tú en tus trabajos para usar después ese aprendizaje en la vida?

Yo debía entregar la corona en septiembre de 2001, faltaban algunos meses, pero ya no era lo mismo: no era la que había ganado Nuestra Belleza, sino la que había perdido Miss Universo. Cuando en alguna entrevista me preguntaban cómo me sentía, respondía que las cosas pasaban por algo y que yo estaba tranquila; era la verdad. Esa noche de mayo de 2001 aprendí que no puedes dar nada por hecho, *na-da*. Lo más importante es que desde entonces, tanto en mi vida personal como en mi carrera, siempre contemplo dentro de las posibilidades la del fracaso, no desde un enfoque negativo sino realista, porque todo puede suceder, desde lo más maravilloso y extraordinario, hasta lo que menos deseas. Cumplí todos mis compromisos hasta el momento de entregar la corona a la nueva Nuestra Belleza México de ese año, pero empecé a plantearme seriamente qué dirección quería tomar. La primera entrevista que hice como responsable del micrófono, y sólo porque Adela me lo pidió, fue precisamente a Denisse Quiñones, Miss Universo. Me preparé desde varios días antes. Significaba un encuentro bastante peculiar, porque ni ella era una figura cualquiera ni yo una entrevistadora común y corriente: ella había ganado la corona de belleza más deseada del mundo y yo era una de las que la habían perdido. Nos saludamos cordialmente, me dio mucho gusto verla. Al final de la sesión la expresión de Denise se transformó en una cara de tristeza. Entonces me dijo:

—Jacky, no sabes lo que debes agradecerle a Dios por no haber ganado —me dijo.

—¿Por qué lo dices? —pregunté con mucha curiosidad.

—Hoy es mi cumpleaños y no tienes idea de las ganas que tengo de estar en mi país, con mi familia, entre mi gente, pero no puedo. Me la paso de un lugar a otro, no sé en qué día vivo, en cuál hotel duermo y cuando despierto ignoro en qué lugar estoy. No la estoy pasando bien.

Me sorprendieron sus palabras. Creí que estaría feliz.

Más que nunca confirmé que las cosas pasaban por algo. No es justificación o consuelo, pero mi carrera, en cambio, empezaba a despegar. ¡Cuántas cosas aprendí con Adela y su equipo! Logramos hacer una familia dentro del foro. Yo corría de un lado a otro todo el día, tenía muchísimo trabajo y cada vez me ofrecían más proyectos; iniciaba el día en el estudio y eso me hacía feliz, salvo cuando sonaba el despertador a las cuatro y media de la madrugada. Estuvimos un buen rato en *Visión AM,* después nos cambiaron a la tarde y luego al canal dos, donde el programa cambió de nombre a *En contraste*, con Leonardo Kourchenko y Adela; Toño de Valdés y Miguel Gurwitz estaban en los deportes, Javier Poza en los espectáculos y Martha Guzmán en el clima. Viví cosas de las que aprendí mucho y me fogueé; toda esa etapa estuvo llena de satisfacciones. El único momento incómodo fue cuando viajé al Mundial de Corea-Japón en 2002, pero no como parte de Televisa, sino de Univisión.

En esos años, en el mundo deportivo, no sólo predominaba la presencia masculina: prácticamente no había mujeres en pantalla. Aún no se popularizaban las periodistas especializadas en la materia, como Inés Sainz o Sara Carbonero (ahora esposa de Iker

Casillas). Cuando me tocó seguir a la selección española me impresionó ser la única reportera mujer. En ese sentido, me siento una pionera.

Yo sabía de futbol por mi historia familiar, así que no me mandaron sólo por mi cara. Siempre había querido ir a un Mundial. Me tocó ir a Corea, un país que, a mi juicio, no estaba preparado para un evento de tal magnitud. Cuando llegué, me vi abrumada por un idioma extraño, una cultura completamente ajena, comida de dudosa procedencia y, en fin, una organización deficiente. No había hoteles suficientes y el transporte era un desastre.

De acuerdo con el plan de la televisora, mi base era en un hotel en una ciudad donde no se disputaría ningún encuentro; tenía que trasladarme cada mañana al lugar del partido a cubrir y regresar enseguida a ese terrible hotel que, además de sucio, se estaba cayendo de viejo. En serio, me hallaba a punto de perder la cabeza, pedí que por favor me buscaran hoteles en las ciudades donde se llevarían a cabo los partidos para no tener que hacer ese recorrido absurdo cada día. Todos los alojamientos estaban saturados, así que hablé con los voluntarios que se encargaban de la logística con los medios extranjeros y les pedí, por lo que más quisieran, conseguirme aunque fuera la suite presidencial del mejor hotel de la ciudad, que ni siquiera me acuerdo cuál era. Estaba dispuesta a pagarlo de mi bolsa, no soportaba dormir una noche más en aquella pocilga donde me levantaba con comezón por todas partes. No había una sola habitación disponible, pero un lindo coreano se apiadó de mí y, seguro con toda la buena intención, me dijo que él conocía un lugar donde podía quedarme, que si quería me llevaba.

Fuimos mi productor, mi camarógrafo y yo. Nos metimos en la camioneta y recorrimos aquella ciudad de una punta a otra. Llegamos al *red light district* cercano. Luces de neón por todos lados, prostitutas en las banquetas y en los aparadores, edificios fluorescentes que parecían sacados de las fantasías eróticas de un cincuentón. Entramos al hotel, en cuya entrada había un anaquel bien surtido de películas tres equis que abarcaba toda la pared, y donde la recepción era una pequeña cabina con un agujero a través del cual te hablaba la persona a cargo. Subí a mi cuarto y lo primero que hice fue ponerme a llorar. Había una cama de agua redonda con un espejo en el techo y en los azulejos del baño había un vinil tamaño real de una coreana encuerada con cara de placer. Me deprimí tanto que sólo quería volver a México. *Urgente*.

Esa noche, tras desahogarme, de tanto llorar me dio sueño, pero ni loca me hubiera metido en aquella cama. Me acosté vestida encima de las cobijas y no me moví ni un milímetro, como si estuviera embalsamada. De pronto, a medio sueño (pesadilla), a las doce de la noche en punto, se prendió automáticamente la televisión en un canal porno. Ésa pasó a la historia como la peor noche de mi vida.

Adelgacé muchísimo durante el mes que duró el Mundial. Me alimentaba de cereal con leche y de pan integral con jamón y queso. ¡Ah!, y de mis eternos polvos de proteína. Ni hablar de comprar carne, porque las malas lenguas aseguraban que era de perro. Jamás he estado tan contenta de volver a México como después de Corea 2002, pero también confieso que la experiencia futbolística fue para mí inolvidable en muchos sentidos. Desde pequeña uno de mis sueños había sido ir a un Mundial, así que, por ese lado, fue una realización.

De nuevo en Televisa, contaba mi aventura y los demás no paraban de reír. Toño de Valdés, de quien aprendí muchísimo sobre deportes, me hacía bromas cada vez que podía. Él se convirtió en mi *papá* dentro de la empresa: lo adoro, respeto y admiro profundamente. ¿Y quién no? Es un hombre extraordinario. Si hay alguien dentro de Televisa a quien todos quieren, sin excepción, es precisamente él.

Mi horario de trabajo era pesadísimo, porque me levantaba a las cuatro y media de la madrugada para estar a las cinco y media en el estudio, de donde salía a las nueve para correr al CEA a perseguir mi auténtico sueño: ser actriz. Participaba en los castings para telenovelas cada vez que tenía oportunidad. Estudiaba los libretos mientras estaba fuera del aire y ponía a Toño y a Miguel a repasar conmigo los diálogos. Yo quería ser actriz, pero todos, incluyendo a nuestro jefe absoluto, Emilio Azcárraga, me decían que mi carrera estaba en la conducción. Sin embargo, una conductora no tenía la fama ni la proyección de una actriz de telenovelas, y yo no sólo deseaba salir en una: anhelaba un protagónico, y de modo más específico, en una producción de Carla Estrada, en horario estelar, a las nueve de la noche. Mi objetivo en Televisa era ése: no iba a dejar que nadie moviera mi dedo del renglón. (No olvidemos que soy bastante terca también, jaja.)

Todas las mañanas, al sonar el despertador, lo apagaba porque odiaba despertarme temprano y me juraba a mí misma: "hoy renuncio". Pero llegaba al foro y me la pasaba tan bien que olvidaba por completo el cansancio y las pocas horas de sueño. De hecho, salvo una vez, nunca tuve problemas o peleas con el equipo del noticiero, y fue porque cometí un error sin darme cuenta. Todavía estábamos en el canal cuatro. Valentino daba una entrevista a Jorge Berry en el foro del canal dos, que se encontraba junto al nuestro, promocionando *El juego de la vida,* con Sara Maldonado. A mí se me hizo fácil pasar por ahí para saludar; cuando Berry me vio, mandó que me pusieran micrófonos y me invitó al programa. Probablemente a Valentino no le cayó nada en gracia, porque no quería decepcionar a sus fans saliendo con su novia, pero yo no creí que nos pasaran al aire.

Cuando volví a mi foro, Adela me recibió con una regañiza de aquellas que ni mi mamá me ponía.

—¿Qué estabas haciendo ahí? ¿Quién te crees que eres? ¿Cómo te atreves a hacerme esto? ¡Es una falta de profesionalismo que estemos al aire y tú vayas a saludar a tu novio en otro programa que también está transmitiéndose en vivo!

Así continuó durante un buen rato. Después de los primeros gritos, me cerré y ya no escuché nada, sólo veía su cara y sus ojos de furia reprochándome salir al aire en canal dos cuando mi lugar era en el cuatro. Lloré. Lloré como niña de primaria, como hacía mucho no lloraba. Pedí perdón mil veces, pero nada atenuaba su ira. Ese viernes, saliendo de Televisa, me fui a Guadalajara y pasé todo el fin de semana en casa. Tenía la sensación de haber cometido una falta imperdonable y la culpa me carcomía; pero sobre todo, no estaba dispuesta a soportar algo así. Creí que Adela me odiaba y no querría volver a verme. Jamás me habían gritado de esa manera. Le dije a mis papás que renunciaría. Me iría dignamente después de mi gran error, aunque nunca pensé que estuviera haciendo algo malo.

El lunes llegué al foro muy resuelta. Había ensayado una noche antes lo que diría a Adela y al resto del equipo. No iba a dejar que me convencieran de lo contrario, ya lo había decidido, así que entré dispuesta a tomar al toro por los cuernos. Ella, en cuanto me vio, fue hacia mí y me dijo:

—¡Seño! —así me llamaba de cariño—. ¡Qué bueno que ya llegaste! ¿Cómo estuvo tu fin de semana?

Me quedé pasmada. Mi speech de renuncia se desvaneció en mi boca, no dije nada más que un tímido y desconcertado:

—Bien, bien, gracias, Adela.

—Ay, qué bueno. Ahorita nos vemos.

Me fui a mi sección más sorprendida que molesta. Todo el fin de semana pensando en el incidente del viernes y ella tan fresca y tranquila, como si no hubiera pasado nada. Entendí que Adela ha logrado el éxito que tiene precisamente por su carácter. Yo la veía fuera del aire trabajando, partiéndose el lomo por conseguir sus entrevistas contra viento y marea, y no tenía miedo de regañar a quien fuera si consideraba su deber hacerlo, pero eso no significaba el acabose, simplemente era parte del trabajo, había días buenos y días de estrés. Adela es una gran mujer y de ella aprendí muchísimo. Es inteligente, luchona y fuerte. Fue un gran ejemplo para mí.

Aquél fue mi único tropiezo en mi trabajo con Adela. Por lo demás, no tenía motivos para dejar el programa. Sin embargo, llegó un momento en que, con tantos compromisos, me resultaba materialmente imposible cumplir con todo satisfactoriamente. Además, finalmente surgió la oportunidad de participar en una telenovela y no quería desaprovecharla. Hablé con Adela y ella entendió mi situación. Me despidió como una maestra que abre la puerta y le desea buen camino a un alumno; me reiteró que volviera cuando quisiera si es que las telenovelas no terminaban siendo lo mío.

Me llamaron al casting para un protagónico juvenil en una telenovela de Rosy Ocampo, se llamaba *Alegrijes y rebujos*; también en esos días me ofrecieron el papel principal en *Amar otra vez,* donde Valentino llevaba el coprotagónico. No sabía qué hacer. La propuesta de un protagónico era sumamente tentadora y era lo que yo buscaba, mas no tenía la experiencia para interpretarlo y no quería echar todo a perder. El licenciado Jorge Eduardo Murguía, uno de mis mentores y grandes guías en la empresa —y además, mi hermano Chiva—, quien se encargaba de aprobar los elencos de las telenovelas, me dio un consejo invaluable que hasta la fecha no dejo de agradecer:

—A ver, Jacky, tú que sabes de futbol: imagina que estamos en un clásico, un Chivas-América. Tú estás en la banca de las Chivas, y yo como entrenador quiero que tengas una carrera exitosa. ¿Qué hago? Tengo que pensarlo muy bien, porque si debutas en un clásico y te va bien, ya la hicimos los dos, porque queremos que seas titular, pero si te va mal, ese día acaba tu carrera. Con eso te digo todo.

Seguí su consejo al pie de la letra. En lugar de aceptar un protagónico, acepté el papel que me ofreció Rosy en *Alegrijes y rebujos* y ése fue mi debut. Hasta hoy, cuando llego a ver alguna de mis escenas, me dan ganas de apagar la tele de lo mal que actuaba. Me faltaba experiencia, mucha. Ahí empecé mi camino, una vez más como novata que al final acaba haciendo suyo ese mundo nuevo y desconocido.

Si yo no hubiera tenido el tino de pedirle consejo al licenciado Murguía, habría aceptado el papel principal. Quién sabe qué hubiera pasado entonces, si me llamaran para otro proyecto.

Algunas de las preguntas clave que sigo utilizando cuando no sé qué decisión tomar

- ¿Qué te hace sentir mejor? Decidir por *a* o por *b*
- Cuando tienes duda, no hay duda
- Piensa siempre en el peor escenario

Fue increíble trabajar con Rosy, y también muy pesado. Me acostaba en mi cama completamente fulminada. Aunque también, puesto que se trataba de un programa infantil, había escenas muy divertidas, al menos para los niños. Recuerdo claramente una en la que terminábamos en tremenda guerra de huevazos entre bandos contrarios. Obviamente, los chiquillos eran los más contentos, y aprovechando —claro está— que su trabajo era bañarnos la cara de clara y yema, lo hicieron con singular entusiasmo y alegría, no se tocaron el corazón. El problema fue que uno de esos huevos salió lanzado directamente hacia mi nariz. En el alboroto que se desató entre niños y adultos, nadie se dio cuenta de que me tuve que voltear porque estaba sangrando. Sólo después del corte advirtieron que estaba bañada en lágrimas y cubriéndome la nariz, desde donde escurrían una pequeña cascada roja. Ese día terminé en el consultorio médico. Al siguiente, Jesús –el niño que sin querer me había lanzado el proyectil desastroso– me mandó un precioso arreglo de flores con una tarjeta pidiendo perdón. Por supuesto que no pasó a más, pero desde ahí comprendí que las telenovelas podían convertirse en un trabajo de alto riesgo. Al final, el papel que interpreté fue muy generoso conmigo, igual que lo fue la audiencia, el resto del reparto y los productores, porque después de algunos ajustes en la trama y en el elenco, terminé siendo la protagonista juvenil y hasta gané el Premio TV y Novelas como actriz de reparto. Esa experiencia me preparó para lo que vendría después y me capacitó para manejar como una mujer madura mis primeros éxitos profesionales en el campo de la actuación.

15

Desengaño

A pesar de que no compartimos créditos en *Amar otra vez*, mi relación con Valentino se había convertido en la favorita de los fans y de la prensa rosa. Por otra parte, nuestro idilio marchaba sobre ruedas, nunca conocí a alguien tan detallista como él. En un aniversario me llenó la casa entera de flores. Cierta vez, en una plática, le conté sobre aquel galán que una vez se me había acercado en un antro y me había dicho que salía en la telenovela *Amor gitano*, y que nunca había vuelto a saber de él.

—¡Era yo!

No paramos de reír y de preguntarnos si sería el destino el que nos había acercado, si nosotros debíamos estar juntos porque así estaba escrito. Llegué a pensarlo así, incluso me planteé la posibilidad de que él fuera el hombre de mi vida.

Una vez que estábamos en Miami, de buenas a primeras me dijo que nos fuéramos a Disney. Sabía que me encantaba.

—¿A Disney? ¿Cuándo?

—Ahora —contestó él.

—¿Ahora, ahorita?

—En este segundo.

—¡Pero no traigo nada a la mano!

—No te preocupes, ya arreglé todo.

—¡Pero mi ropa!

—Está todo listo, tú no te preocupes por nada, ya me encargué de todo.

—¿Le pediste ayuda a Karla? —le pregunté entre risas, suponiendo que la Garnica tenía algo que ver.

—Esta vez no, dame un poco de crédito, también tengo iniciativa.

Nos fuimos al aeropuerto y él no quiso que viera el pase de abordar. Sospeché que no íbamos a Orlando. No me di cuenta de cuál era nuestro destino hasta que en la sala de espera vi que decía París.

—Oye, pero esta sala dice París.

—Sí. Vamos a cenar a la Torre Eiffel.

—¡¿Qué?!

Salté de alegría, me contuve para no gritar. Pasaron mil ideas por mi cabeza, entre ellas, que aquella noche me daría el anillo. Obviamente, llamé a mi mamá para contarle que me iba a cenar ¡a París! Mi madre y mis tías en Guadalajara comenzaron a saltar por toda la casa gritando como enajenadas:

—¡Le va a dar el anillo! ¡Le va a dar el anillo! ¡Se nos casa Jacky!

Y bueno, aquella cena fue una de las cosas más románticas que alguien ha hecho por mí, pero –claro– no hubo anillo ni propuesta ni nada. De hecho, a pesar de la popularidad que gozábamos como pareja en el medio, cada vez que le preguntaban para cuándo la boda, él respondía cosas como:

—No, yo aún estoy muy niño para pensar en eso, soy un polluelo —y reía—. El matrimonio todavía no está en mis planes.

Él era así, misterioso, independiente y detallista. Normalmente los hombres no lo son, pero él era una excepción. Además, le gustaba mucho la fotografía y se la pasaba tomándome fotos, en cada lugar, a cada momento. Pese a todo, yo estaba convencida desde el fondo de mi corazón de que él me amaba y nunca me lastimaría. Por eso, cuando en los programas de chismes me preguntaban qué pensaba de que habían visto a Valentino con alguna otra mujer en cierto lugar, yo reafirmaba frente a todos mi confianza en él. Después de todo, era yo quien mejor lo conocía, pensaba, no los demás, y ciertamente no los paparazzi que vivían de los chismes, de los inventos y de sacar y vender fotos comprometedoras al mejor postor. Era tal mi seguridad en su fidelidad que en uno de esos programas juré que metía las manos al fuego por él.

Una de las cosas —quizás la única— que no me gustaba de Valentino era que fuera el actor galán de moda, ya que necesariamente tenía que besar a sus coprotagonistas, todas actrices guapísimas, aunque fueran besos actuados. Por eso, mejor evitaba a toda costa ver el Canal de las Estrellas. "Ojos que no ven, corazón que no siente", pensaba yo —aunque después lo pagué muy caro—. Si no veía sus escenas apasionadas, no hacía corajes innecesarios. Porque, obvio, no podía exigirle que no lo hiciera: era su trabajo y, además, también el mío, aunque hasta ese momento no me había tocado participar en alguna secuencia de amor arrebatado.

El Güero Castro me llamó una tarde de 2004 para invitarme a hacer el casting del protagónico de *Rubí*. Lo hice. No sé cómo me vi de villana, no era ése mi papel; pero dejé huella, porque después recibí otra llamada para el papel de Maribel, dentro de la misma telenovela. Cuando me vieron frente a la cámara supieron que ése era mi personaje. Fue un alivio, porque no pudo haber otra Rubí mejor que Bárbara Mori, y a mí el papel de Maribel me quedaba de perlas. Al principio —me dijeron— serían sólo algunos capítulos, pero mi personaje adquirió tanta importancia y gustó tanto al público que no sólo me quedé durante toda la telenovela, sino que terminé como pareja del protagonista, Lalo Santamarina, con quien, ahora sí, las escenas subieron de tono.

Probablemente, de todas las mujeres a las que interpreté, fue Maribel la que más lloraba, aunque después la vida la recompensaba por todo el dolor que había soportado. Mientras tanto, cuando el personaje de Héctor la deja plantada por la despampanante y perversa Rubí, mis grabaciones consistían básicamente en una cosa: llorar. Llorar más, llorar mejor, llorar mucho, conmover, desgarrar y hundirse. Llevaba una semana en el foro sin hacer nada más que llorar. Se me acababan las lágrimas, ya no podía exprimir más lágrimas a mis ojos. Me había conectado con el personaje de Maribel a tal grado que me sentía física y moralmente devastada, pero seca. No podíamos avanzar porque yo ya no podía llorar. Benjamín Cann, el director, intentó sacarme más lágrimas mediante muchos métodos, planteándome distintas historias, empujándome cada vez más dentro del personaje, pero estaba exhausta, demasiado sensible. Al mismo tiempo, lo que Benjamín me decía no me causaba ningún efecto. Hasta que, ya como último intento, me dijo:

—Jacky, piensa en dónde y con quién te gustaría estar en este momento.

—¿A qué te refieres? —contesté. No sabía de qué me hablaba.

—¿Quién te gustaría que estuviera apapachándote en este momento?

Entonces comprendí a qué se refería. Mi moral estaba por los suelos, sentía como si, en efecto, me hubieran dejado completamente sola en el mundo. Era obvio: lo único que quería era que mi mamá me abrazara. Comencé a llorar cual niña de primaria, y como tal, respondí a Benjamín:

—¡Quiero a mi mamá!

Así fue como al final salió la escena. Y mientras Maribel lloraba porque Héctor la había cambiado el día de la boda por su supuesta mejor amiga, yo sólo quería correr a refugiarme en los brazos de mi mamá, y que me dijera que todo iba a estar bien.

—El secreto para llorar —me dijo Benjamín después— es tomar mucha agua. Cuando tengas escenas de llanto, bebe todos los litros de agua que puedas. Si no tienes suficiente agua en el cuerpo, por más que quieras a tu mamá no vas a poder llorar como Magdalena.

El papel de Maribel me abrió muchas puertas. Comencé a cumplir uno de mis objetivos profesionales: ser conocida más allá de México, llegar a más espectadores y hacerme de un nombre. Claro que mientras grababa la telenovela yo no era consciente de lo que ocurría afuera del foro. Las cosas fueron pasando y un día, sin esperarlo, me encontré con que la gente, dentro y fuera del país, a veces personas que ni siquiera hablaban español, me reconocían en la calle y me llamaban por el nombre de Maribel. En Argentina me preguntaban en la calle:

—¿Vos sos la coja?

No obstante, lo más importante de *Rubí* fueron las lecciones que aprendí de mis compañeros actores y de Benjamín, figura fundamental para mí porque me ayudó a comprender la actuación, me enseñó a explotar un personaje, a ver el mundo desde una mirada totalmente distinta. Al terminar la telenovela Benjamín me dijo, como si me diera su bendición, que mi siguiente proyecto tendría que ser de protagonista. Por fin estaba lista para asumir el reto que había perseguido los últimos años.

Creo que una de las cosas más trascendentes que aprendí con las telenovelas fue la importancia de mirar a fondo los ojos de alguien. No sólo actúas mejor de esa manera, sino que en la vida real es la forma en la que conectas de verdad con alguien.

Mientras tanto mi relación con Valentino empezó a sufrir los peligrosos síntomas de una enfermedad mortal. Ahora reconstruyo la historia con base en lo que supe después, pero en ese tiempo no tenía idea de lo que pasaba. Y al parecer era yo la única: todos los demás en el foro, en los programas de chismes y en las revistas parecían tener información que nunca llegaba directamente a mis oídos, o que yo, la verdad, no quería escuchar porque confiaba ciegamente en él. Recuerdo que un día, cuando todavía grababa *Rubí,* checando el circuito cerrado donde se proyectan las distintas producciones al aire, miré sin querer una de las escenas que Valentino hacía con su coprotagonista. En ese mismo instante me arrepentí, porque era una escena muy fuerte, donde él le mordía la oreja y la besaba en cuello, labios, boca… Cuando le dije lo que había visto, me aseguró que eran indicaciones del director.

—¿El director te dijo que le mordieras la oreja?

Se me hizo muy raro, aunque también comprendía, trataba de convencerme de que sólo hacía su trabajo. Cada vez que salía publicada una nota escandalosa en la cual estaba involucrado, lo negaba todo y decía que así era el medio, que no hiciera caso a los comentarios negativos. Sin embargo, me daba cuenta de que, mientras yo buscaba un verdadero compromiso, él no quería ni oír la palabra matrimonio. Nuestros caminos no eran los mismos. Ya llevábamos más de cuatro años y no me parecía que Valentino quisiera llevar la relación más allá. Por eso decidí terminar.

El mundo se me vino encima. No quería salir de mi casa, no tenía ganas de seguir, pero todas las mañanas respiraba hondo y trataba de convencerme de que era lo mejor para mí. Por esos días conocí a una persona con quien empecé a salir. Debo decir que yo estaba sumamente deprimida y él fue comprensivo conmigo. Gracias a su apoyo pude levantarme y recuperar el ánimo. Él se mostró paciente. Todavía amaba a Valentino, pero estaba determinada a salir adelante y encontrar a un hombre que quisiera lo mismo que yo, satisficiera mis necesidades y viceversa, que encontrara en mí lo que estuviera buscando. Mi nuevo galán desde el principio supo cómo acercarse a mí y yo le conté por qué había terminado mi relación anterior. Siempre me habló de algo serio y hasta llegó a insinuar matrimonio. Yo no sabía qué hacer.

Siempre he creído que las relaciones personales no terminan, evolucionan, y las personas se cruzan en tu camino por alguna razón, porque algo debes aprender. Debido a eso la sinceridad, poner las cartas abiertas sobre la mesa, va para mí en primer término.

Mi nueva situación llenó las portadas de las revistas y la sección principal de las noticias de espectáculos. La conclusión siempre era algo parecido a:

—¡Y qué bueno que Jacky terminó con Valentino y está saliendo con otra persona! Una de cal por las que van de arena.

Extrañamente, a pesar de que yo había sido la mala, puesto que había terminado con él, los comentaristas se ponían de mi lado. Karla me dijo una vez:

—Oye, ¿no te parece raro que aunque tú fuiste la que terminó de quien hablan mal es de él?

Yo no le daba tanta importancia a esos comentarios porque estaba muy ocupada tratando de superar la ruptura. Valentino empezó a buscarme nuevamente y yo creí que finalmente había tomado una decisión respecto a nosotros. Una vez, mientras grababa un programa de celebración de la Independencia, dejé mi celular y él revisó mis mensajes. "El que busca, encuentra", dicen por ahí. A pesar de que en ese momento no estábamos juntos y de que él sabía que yo intentaba salir a veces con otra persona, se sintió tan ofendido que aventó el teléfono, lo hizo pedazos y salió casi echando espuma por la boca. Salí detrás de él, pero no lo alcancé. Lo llamé y me dijo que no quería saber nada de mí.

Cada cierto tiempo, Valentino solía alejarse del mundo para encontrarse a sí mismo, o eso decía. Esta vez, después de su arrebato, agarró el primer vuelo a Madrid porque necesitaba replantear su vida y aclarar sus sentimientos. Cuando se fue, yo deseé volver a estar con él. Pensaba que si me había buscado era por una buena razón. Decidí recuperarlo.

Algo en mi cabeza estalló, una duda más que una certeza, que no me dejaba respirar tranquila. Pensé que tal vez sí era él, Valentino, el hombre de mi vida: debía luchar por él. No quería quedarme con la horrible sensación de ¿y qué tal si…? Los hubiera no existen más que en los recuerdos de las personas y nos atormentan hasta que ya no somos capaces de hallar la paz mental.

Mientras Valentino paseaba por la Gran Vía en su propia búsqueda, recibí una llamada de Olga Laris, su mejor amiga. Me decía que no podía creer que no estuviéramos juntos, él me adoraba y debíamos luchar por nuestro amor. Me convenció de ir a buscarlo a Madrid; ella me acompañaría para darme valor. Busqué vuelos y empecé a hacer reservaciones. Todo esto pasó mientras estaba de camino a una grabación, en el coche. Mi chofer, que era amigo del de Valentino, me escuchó haciendo planes, y cuando estuvo a solas llamó a uno de mis grandes amigos, Luis Ángel Ramírez, para decirle:

—Disculpe que lo moleste, pero la señorita Jacky va a ir a buscarlo a Madrid. Es necesario hacer algo, por lo menos que sepa la verdad. Si después de haberse enterado aún quiere ir con él, que lo haga, pero no es justo que siga engañada.

Toda una trama de telenovela.

Luis Ángel fue a mi casa esa misma noche.

—Tengo que decirte algo muy importante.

Yo no tenía idea de qué podía ser. Me contó cosas que vio y supo de Valentino mientras estaba en Miami, que salía con una su excoprotagonista y con no sé cuántas más.

—No es el hombre que crees, Jacky.

Yo lo negué todo. No podía ser cierto. Conocía los chismes, pero nunca les di crédito. Me parecía inconcebible que quien decía amarme pudiera engañarme tan cínicamente con otras mujeres.

—Lo que me dices es imposible.

—No, Jacky —respondió—. Pregúntale a quien quieras. Todos están enterados menos tú.

—¿Quién te dijo que vinieras a decirme esto?

—Alfredo, tu chofer. Te escuchó haciendo planes.

De inmediato llamé a Alfredo y le pregunté sin rodeos si lo que decía Luis Ángel era cierto.

—Es verdad.

—No puede ser. Nada de eso es cierto —insistí.

Llamé a la señora que me ayudaba con la limpieza de la casa, que también limpiaba la de Valentino, y le hice la misma pregunta:

—No, señorita. Nada de lo que le contaron es cierto —dijo ella y salió rápidamente de la sala.

—¿Lo ven? Lo que dicen no tiene sentido. ¿Por qué me quieren hacer creer algo tan horrible?

Nadie pudo contra mi necedad. No hubo manera de convencerme de que Valentino me había sido no sólo infiel, sino desleal. Luis Ángel y Alfredo se fueron con la cola entre las patas. Una hora después la señora de la limpieza me busco para confesarme que me había mentido. Rectificó y con lágrimas en los ojos confesó:

—Señorita Jacky, perdóneme por favor. Estuve pensando y a mí me hicieron lo mismo, tengo que decirle que ¡sí es cierto! ¡Todo lo que le dijeron es cierto! ¡Todo!

Sólo entonces entendí lo monstruoso del engaño. Tiempo después me enteré de que no sólo lo sabía todo el mundo del espectáculo, sino también Rosy, mi maquillista, Naye, mi peinadora… ¡todos! Y nadie me dijo nada, pero aunque lo hubieran hecho, yo me habría negado a aceptarlo. El mundo cambió para mí. De repente me sentí ajena, consciente de haber vivido en una larga mentira. No pude parar de llorar. No tenía cabeza para nada más. Ese mismo día mi mamá fue al Distrito Federal y yo la recogí en el aeropuerto; cuando la vi no pude decirle nada, sólo la abracé y lloré hasta que se me secaron los ojos. Ella lloró conmigo hasta el insomnio. Me desmoroné completamente.

Olga no paraba de llamarme al celular para ver cuándo salía nuestro vuelo a Madrid. No quería hablar con ella ni con nadie que relacionado con Valentino. Cuando finalmente respondí una de sus llamadas, le dije que ya no iría a Madrid porque me había enterado de algo muy grave, que —claro— ella dominaba. Ya no quería saber nada de él. Como era de esperarse, Olga le habló inmediatamente y le contó lo sucedido. Y también, como era de esperarse, Valentino, que hasta ese momento se había hecho el ofendido, no paró de llamarme durante toda la noche. No contesté. Al siguiente día el teléfono seguía sonando sin descanso. Le pedí a mi mamá que contestara y le dijera que no quería verlo.

Mi madre fue lo más educada posible, pero yo ardía en llamas, y sin pensarlo le arrebaté el teléfono:

—¡Eres un cabrón!

Fin de la conversación.

A partir de ese momento me envió un correo cada cinco minutos durante casi una semana. Los mensajes iban desde: "No creas lo que te digan, harán cualquier cosa para separarnos", en el primer mail, hasta la certeza de la derrota, después de cuatro días: "Me arrepiento de todo, por favor, perdóname". Buscó un vuelo a México pero no lo consiguió hasta una semana después. En esos días tuve tiempo para serenarme. Ya no estaba desesperada, estaba enojada y, sobre todo, determinada a aceptar que lo de Valentino se había terminado para siempre. Era un punto final.

Cuando al fin volvió, nos sentamos a platicar y aceptó todo. Me pidió perdón de rodillas y confesó que había sido el peor error cometido en toda su vida. Hablamos varias horas. En algún momento, dentro de todo aquel drama, ahogado de realidad, intentó justificarse:

—Jacky, no creas que lo que hice fue porque no te amo, te amo con todo mi corazón, pero soy hombre, y los hombres somos así. La fidelidad no está hecha para nosotros. Somos animales, tenemos un instinto capaz de contradecir nuestros sentimientos.

—Pues yo voy a encontrar a un hombre que me sea fiel. Voy a encontrar esa excepción a la regla.

Después me reiteró que quería estar conmigo, me suplicó una segunda oportunidad, dijo que tenía guardado el anillo, quería casarse conmigo, que lo intentáramos de nuevo.

—Nunca voy a regresar contigo —y ésa, de verdad, fue mi última palabra.

Los dos lloramos mucho aquella noche. Cuando nos despedimos, le hice una petición especial:

—Que esto no haya sido en vano. Te pido que no le vuelvas a hacer esto a ninguna mujer, aprende de esta experiencia. No te imaginas el daño que puedes causar.

Prometió hacerme caso.

Cuando cruzó la puerta de salida para mí se cerró el telón, pero Valentino todavía intentó reconquistarme. Un día mandó hacer una lona con la que cubrió la fachada entera de mi edificio. Era una fotografía gigante de los dos con un letrero que decía: "¿Te quieres casar conmigo?".

Yo nunca corrí a lamentarme con los medios sobre lo acontecido entre nosotros. Las cosas privadas se mantienen en privado y se superan a solas o con aquellos que son cercanos a nuestro corazón. Todo sufrimiento es una lección de vida. Ahora agradezco lo sucedido porque él no era el hombre para mí. Si a fin de cuentas me hubiera casado con él, quién sabe qué hubiera pasado después. Las cosas, tanto las buenas como las malas, siempre se acomodan en el lugar correcto, como en un rompecabezas, aunque los motivos tarden en aparecer a la vista. Del dolor siempre se aprende lo más valioso.

Después de lo que pasó con Valentino, comencé a plantearme a fondo qué tipo de pareja quería. El hombre que se convertiría en mi esposo, el padre de mis hijos, no podía ser alguien del medio, pero si yo era actriz no podía exigir que mi pareja no lo fuera. Supe que, en algún momento no muy lejano, dejaría de hacer telenovelas, pues si llegaba a encontrar a ese hombre, no quería someterlo a la tortura que yo sufrí de tan sólo pensar que mi pareja se besaba y acariciaba con otras personas, aunque fuera simple actuación. El hombre que quería no lo iba a encontrar entre mis compañeros actores, de eso estaba segura. Por esa razón, años más tarde, dejé las telenovelas.

Después de *Rubí* llegó mi anhelado primer protagónico en *Heridas de amor*, en 2006 con Guy Ecker como Alejandro y yo interpretando a Miranda. Las grabaciones se realizaron en Tabasco, estado famoso —entre otras cosas— por su chile habanero. Y yo, que nunca le he tenido miedo al picante, desayunaba, comía y cenaba con mi obligatoria ración de habaneros. Total —pensé— qué daño pueden hacerme. Nunca me pasaba nada, en efecto. Mi estómago, para otras cuestiones muy delicado, con el habanero no tenía recato, parecía blindado contra la irritación y otras dolencias gastrointestinales. Era feliz, hasta que un día comí tanto chile que no pude grabar. El estómago me ardía como si se incendiara por completo, como si fuera una primeriza. Sentí lo que probablemente sienten los europeos con la bien conocida *venganza de Moctezuma*. ¡Me retorcía del dolor! Era imposible siquiera pensar en decir un diálogo. Las grabaciones se retrasaron hasta que estuve en condiciones de grabar mi escena, para lo cual tuvieron que pasar muchos tés, pastillas y remedios cualesquiera con el fin de que mi estómago e intestinos encontraran de nuevo la calma. Fue una irresponsabilidad de mi parte, lo reconozco, lo hubiera pensado dos veces. No obstante, más tarde tuve la oportunidad de mostrar mi profesionalismo porque, como todos saben, Tabasco, además del bendito habanero, es famoso por su clima, no precisamente paradisiaco, al menos en determinados meses. En la escena, Miranda realizaba una hazaña para llegar hasta su hermana, quien estaba a punto de tener a su bebé; debía salvarlos a ambos. Fue una de mis escenas favoritas en esa telenovela porque, en verdad, me sentí como una heroína. Mi personaje había salido a buscar ayuda con su ropa de diario, una blusa y una falda larga. El clima obedecía a la ley de Murphy y empeoró todo lo posible. Era de noche, había tormenta, hacía frío y yo me metí con todo y ropa a nadar entre las aguas heladas para cruzar el río y conseguir ayuda. La producción preparó una tormenta épica; hicieron viento con enormes ventiladores y soltaron una lluvia apocalíptica. En medio de las aguas revueltas, temblando de frío, iba Miranda luchando contra la corriente, vestida, sin maquillaje, para llegar, al final de la secuencia, a recibir al bebé entre sus brazos como una enfermera.

Después de *Heridas de amor* hice mi primera obra de teatro: *Un gallego en París*, con Eugenio Derbez, de quien aprendí el rigor del teatro, de los tiempos, de las intenciones y los tonos en los diálogos. Al terminar la telenovela, me fui a Los Ángeles a estudiar actuación. Un descanso no me vendría nada mal. Sentía la necesidad de encontrarme a mí misma, alejarme de los medios para decidir el rumbo de mi vida y mi carrera.

Fue como empezar una nueva vida. Me compré un coche, renté un departamento y comencé mis estudios. En Los Ángeles todo mundo quiere ser actor, por eso cuando alguien me preguntaba a qué me dedicaba, respondía que era contadora. No encontraba cómo explicarles que era actriz y estudiaba actuación; más todavía a los estudiantes quienes, por lo menos en los inicios de la carrera, se dedican a un sinfín de cosas menos, precisamente, a actuar.

Guy Ecker y su esposa Estela, que vivían en Los Ángeles, me cobijaron como a alguien de su familia. Con frecuencia me invitaban a comer carne asada a su casa y a convivir con sus hijos. Me sentí muy acogida por ellos y aún les agradezco que me hayan hecho compañía, porque estaba tan concentrada en mis propios asuntos, en curarme, que no hice amistades significativas. De repente me encontraba a algunos amigos actores, como a Ana de la Reguera. Regresaba a ver a mi familia cuando podía y me mantenía en contacto con la Garnica, MaríaU y las de toda la vida —quienes, por cierto, ya estaban todas casadas y varias de ellas hasta con hijos—, pero fuera de eso, el día a día era más bien solitario.

Algunos consejos para cuando sientas que estas en el hoyo

- Arréglate
- Busca a tu mejor amigo y vayan a algún lugar a platicar y comer
- Come delicioso

El único vínculo laboral que mantenía con México era a través de Televisa Deportes. A menudo viajaba a distintas partes de la república para cubrir partidos de la Selección Mexicana; en uno de ellos empecé a tratar a *Kikín* Fonseca, a quien ya conocía tiempo atrás. Nos llevábamos muy bien, me parecía simpático y, además, como era futbolista, tenía un plus para mí. Pero tampoco fue el indicado y lo nuestro se terminó después de tres breves meses, a la mitad de la Copa Oro.

En Los Ángeles estuve aproximadamente seis meses. En 2008, Rosy Ocampo me invitó a hacer *Las tontas no van al cielo*. Mis coprotagonistas eran Jaime Camil y —¿quién creen?— ¡Valentino! Para entonces él ya era historia, porque cuando dejo de amar a alguien que me hizo daño es para siempre. Mi reaparición en el país y en las telenovelas, al lado de mi exnovio, causó una gran expectativa. La prensa, los productores y el mismo Valentino creyeron que volveríamos. Nuestro jefe, Alejandro Benítez, me llamó para firmar el contrato y soltó la pregunta que todos querían hacerme:

—Entonces, ¿vas a volver con Luis Alberto?

—Por supuesto que no.

—Ay, no te creo. Vas a hacer una novela con él, le vas a dar besos, no me creo que ya no sientas nada cuando lo ves.

—Yo nunca voy a volver con él.

—No te creo —dijo.

—¿Dónde firmo?

Ahí mismo redacté y firmé un escrito en el que decía que ja-más —así, subrayado— en la vida regresaría con Luis Alberto López Ayala. Nadie me creyó, pero yo no hago ese tipo de afirmaciones a menos que esté convencida de lo que digo. Eso lo aprendí de la vez en que juré que metía las manos al fuego por su fidelidad y quedé como tonta.

Una parte de las grabaciones se llevaron a cabo en Guadala-jara. Y claro, mientras estuve ahí, toda mi familia y amigos iban a verme, de manera que me sentía en casa y me divertía como enana, no sólo por estar rodeada de mi gente querida, sino porque la novela era también muy amena, sin contar que Jaime Camil me hacía reír todo el tiempo, al punto de que debíamos interrumpir escenas porque no podíamos parar de carcajearnos por cualquier tontería que él hacía. Una vez, hasta mi abuelita Tita —que hoy en paz descanse— acudió a la grabación y salió como extra; me parece que incluso dijo una línea. En *Las tontas no van al cielo* mi personaje, Candy, tenía un hijo, Chava, que estaba en un equipo de futbol del cual ella era la porrista número uno. Rosy, nuestra productora, me consintió porque, al igual que en la vida real, mi personaje también le iba a las Chivas. Fuera del aire le pregunté a Robin, el niño que hacía de Chava, a qué equipo le iba. Cuando me dijo que al América, lo miré con asombro y empecé a gritar a los de producción:

—¡Tienen que cambiarme de hijo! ¡No puedo tener un hijo que le vaya al América! ¡Es imposible trabajar así!

Robin, tan tierno, se preocupó en serio y corrió a decirme que sí le gustaban las Chivas, que le iba al Rebaño Sagrado a partir de ese momento, tan sólo por no enfadarme. ¡Pobrecito! Creo que le di un susto ese día. Espero que no me haya tomado a mal la broma. Hoy me encantaría encontrármelo y saber a qué equipo le va realmente. Quién sabe, tal vez en el fondo haya logrado evangelizar a un fiel más.

Un día, mientras grababa la telenovela, me encontré a Maki en el pasillo de Televisa. No había sabido nada de ella en muchísimo tiempo, ya casi olvidaba el terror que me causaba. Ella había hecho su vida con Juan Soler y acababan de tener a Mía, su primera hija, a quien llevaba ese día en su carriola. No había a donde correr, el reencuentro era inevitable, y tampoco pensaba no saludarla, porque, más allá de parecer grosera, me hubiera visto un poco cobarde. Cuando estábamos a un metro de distancia, vi a Mía y no pude evitar un comentario que me salió del corazón:

—¡Qué divina está tu hija! ¡Felicidades! ¡Está hermosa!

En ese momento, Maki, quien me había odiado por tantos años, pensó: "¡Ah! ¡No es mala!"; lo supe porque ella misma me lo confesó después. Terminamos haciéndonos amigas. Salíamos juntas a comer, me invitaba a su casa, yo a la mía, desayunábamos los sábados o nos quedábamos platicando por horas cuando nos encontrábamos en los eventos de la empresa. Me pidió perdón por haberme hecho daño y hablar mal de mí. Se sentía tan culpable que me arregló una cita con uno de sus amigos, pues por esos días yo estaba soltera. La relación que tuve con esa persona la terminé porque resultó muy nociva para mí: sufrí violencia psicológica y verbal.

Nadie tiene el derecho de ejercer ningún tipo de violencia sobre otra persona, sea su pareja o no. Debemos atender las advertencias que se presentan al inicio de una relación y salir corriendo a la primera oportunidad. Nadie, bajo ninguna circunstancia, tiene por qué faltarte al respeto, y nadie, tampoco, tiene por qué soportarlo.

Resumiendo: hasta ese momento de mi vida, todas mis relaciones sentimentales fueron fallidas. Una tras otra, al final siempre

Posibles alarmas para que uno salga corriendo

- Cuando sientes que la otra persona te menosprecia y ella se engrandece con ese "poder"
- Si te hace sentir culpable, sea la situación que sea
- Si tu pareja nunca asume responsabilidad sobre los hechos y tú eres quien hizo mal; recuerda que una pareja es de dos.
- Si intenta aislarte de la gente que te quiere
- Si es completamente diferente cuando están con más personas o cuando están solos
- Si comienza con bromas pequeñas que te incomodan y poco a poco suben de tono, faltándote al respeto.
- Importantísimo: con cualquier gesto de violencia física sal corriendo

Siempre parte de la confianza en una relación. Si alguno de estos puntos sale a la luz, enciende tu botón de alarma y analiza bien con quién estás saliendo, pero no vivas con temor de entregarte al otro y siempre utiliza la comunicación como una herramienta de crecimiento mutuo.

acababa con la misma decepción: el hombre con el que salía no era el indicado. En mi proceso de soltería, tiempo en el que mis amigas construían sus familias y celebraban uno que otro bautizo, escribí una lista con las cosas que quería del amor de mi vida: guapo, alto —odiaba ponerme tacones y que él se viera más bajo—, exitoso en el trabajo, de alma bella, amoroso, que tuviera una relación cercana con su familia.

Jamás imaginé que mientras yo me rompía la cabeza pensando por qué en el terreno sentimental todo me salía mal, aquel que me estaba destinado, un piloto de carreras, veía una fotografía mía en la portada de una revista y en algún lugar de México hacía un comentario inocente a uno de sus amigos:

—Mira a esta mujer. Con ella yo sí me caso.

Bien dicen que hay que tener cuidado con lo que decimos, porque las palabras se pueden volver realidad.

16

Gajes del oficio

En el rodaje de *Las tontas no van al cielo* tomé la determinación de que ésa sería mi última telenovela, pero sí hice teatro. Ese mismo año, 2008, participé en *Hasta que la boda nos separe,* con Juan Soler como coprotagonista. Cuando estaba en los ensayos, Carla Estrada me invitó a hacer el casting de su nuevo proyecto, para el rol protagónico. Fui, más por quedar bien con ella que por tener ganas; en verdad estaba muy indecisa. La telenovela se llamaba *Sortilegio* y mi personaje, María José. Ha sido uno de los papeles más entrañables que he interpretado. La prueba era con William Levy, quien sería mi galán; sorprendentemente, la conexión fue instantánea. Yo no conocía a William en persona, cabe decir. Llegué a la oficina de Carla para verlo por primera vez, con cámaras y todo, y lo primero que ella nos dijo fue:

—¡Bésense!

Después del beso, todo mundo supo que seríamos la pareja que arrasaría con el *prime time* de Televisa. Todo mundo, menos yo, porque la prueba no había bastado para convencerme.

Una semana después del casting tuvo lugar la presentación para medios de la obra de teatro. Carla fue a verme y al terminar salimos juntas. Durante la cena me insistió en que interpretara a María José. Tiempo atrás había hecho casting para *Alborada* y para *Pasión*, pero no me quedé en ninguna de las dos.

—Tú me dijiste una vez que tu sueño era trabajar conmigo— sentenció ella—. ¿Vas a dejar pasar esta oportunidad? Tú eres mi protagonista. Te quiero a ti.

Pues no, no podía dejar pasar la posibilidad de realizar mi sueño profesional, y al final le dije que sí. Además, la verdad es que ya no quería hacer novelas porque "el innombrable" me había dado el anillo de compromiso y, según yo, me iba a casar... ¡Uf, gracias a Dios no sucedió y más bien seguí mis sueños!

Creo que fue en el tiempo de *Sortilegio* cuando mejor he comido, sobre todo porque estaba muy flaca por el estrés que había pasado con esa pareja. Carla no me dejaba grabar sin mangas, debido a que me veía esquelética, así que me dio la tarea de comer mucho y de todo... y lo cumplí. Como grabábamos en Mérida, me daba vuelo con la cochinita, los papadzules y la inigualable sopa de lima, que sólo ahí preparan como Dios manda. Para lograr la toma de la entrada de la telenovela hicimos un trabajo complicado: era una sola secuencia y se grababa con una cámara. Habíamos intentado realizarla ya varias veces. En la enésima, cuando íbamos a la mitad de la escena, Carla paró la grabación para decirme:

—No me gusta tu peinado. Hay que cambiarlo y volver a empezar.

Me pregunté por qué no se le había ocurrido eso antes de la grabación. Se acercó a mí y, sin esperar a que llegara el peinador, me acomodó el cabello como quería. Ella es así, si necesita algo en el momento lo hace por sí misma: te maquilla, te peina, te entrena y, fuera del foro, también te da consejos y te apapacha. Y bueno, nos tomó un día entero terminar la secuencia inicial, la repetimos miles de veces y terminamos exhaustos, pero, la verdad, valió la pena porque el resultado fue espectacular.

Con William, desde el inicio todo fue una fiesta. Su carácter alegre, dicharachero, bromista e ingenioso me ayudó a sobreponerme de la mala relación que recién terminaba. Nos veíamos todo el tiempo, dentro y fuera del foro, y aunque apenas nos conocíamos, parecía que llevábamos años de ser amigos. La confianza nos desbordaba y la naturalidad con que nos desenvolvíamos me facilitó enormemente trabajar con él. Me hacía reír como nadie, me sentía feliz cuando estábamos juntos y poco a poco esa química crecía dentro y fuera del foro y las locaciones, hasta que una noche en la cual me llevó en su coche a mi casa me besó en los labios cuando nos despedimos. Primero me puse muy nerviosa y lo detuve: yo sabía que tenía mujer y un hijo, y a pesar de que me encantaba tenía muy claro que no me enredaría con un hombre en esa situación. William me miró a los ojos y me aclaró que habían terminado hacía tiempo y estaban separados; aun así me resistí un poco porque éramos compañeros de trabajo y no quería que el gran vínculo que habíamos construido se trastocara bajo ninguna circunstancia. Sin embargo, era tan evidente que nos gustábamos que acabamos saliendo, a ver qué pasaba.

Nos llevábamos de maravilla, nos carcajeábamos por nada, oíamos música, comíamos delicioso; éramos muy buenos compañeros de foro, quizás más amigos que pareja, la verdad, pero eso hacía que las grabaciones fueran mucho más divertidas y menos pesadas. La más contenta era Carla, porque las escenas de romance no eran actuadas, en verdad estábamos encantados, no era difícil fingir el enamoramiento. Yo me ilusioné después de pocos meses. Una tarde, William me dijo que tenía que hablar conmigo. Lo primero que pensé, a la antigüita, es que me iba a pedir que fuera su novia. Yo, por mucho que me gustara, no estaba preparada para una relación, pues ya me había convencido de que no quería a un actor como pareja, y hubiera preferido seguir saliendo como hasta ese momento. Entré en conflicto: a la vez quería y no quería, los nervios me mataban. Nos sentamos en una mesa en el comedor de Televisa, bien romántica la escena.

—La madre de mi hijo está embarazada… —e hizo una breve pausa—. De mí —agregó secamente.

La noticia me tomó por sorpresa, ¡yo esperaba una declaración! La vuelta a la realidad me dolió. A pesar de haberme jurado que había terminado con ella, ahora resultaba que esperaba un hijo suyo. Los tiempos no cuadraban. Me tragué el coraje, la nueva desilusión y me desahogué en la escena que grabamos esa misma tarde donde María José debía llorar como Magdalena. Lo complicado fue seguir actuando y besándolo desde que ya no había nada entre nosotros. Cuando la prensa nos relacionaba, al principio mis respuestas eran vagas, no afirmaba ni negaba nada, pero después de semejante confesión mis declaraciones en los medios fueron categóricas. Si alguien insistía, yo contestaba:

—No ando con William Levy. El tiempo y los acontecimientos me darán la razón y te dirán por qué estoy cien por ciento segura de lo que acabo de afirmar.

El idilio fue breve, pero una vez terminado –al contrario de lo que supuse ocurriría– continuamos como buenos amigos. *Sortilegio,* de alguna manera, me volvió a la vida y me regresó la chispa. Salí de las telenovelas satisfecha, contenta de haber cumplido lo que me propuse y segura de mí misma. Había alcanzado mis metas profesionales y era tiempo de dejar de pensar en mi futuro para enfocarme en mi presente. Deseaba estar sola un tiempo.

Amo la actuación porque es una profesión noble y a la vez emocionante, un desafío que me permite meterme en la piel y en la mente de personajes completamente distintos a mí y a la vez parecidos, sufrir como ellos lo hacen, reír, llorar. Me da acceso a otras vidas y a historias diversas a la mía, y eso me brinda la oportunidad de reinventarme. La actuación fue mi manera de expresarme y de perderme en mis propios confines para ser capaz de descubrir el mundo.

¿Cómo puedes reinventarte?

- Un cambio de look siempre es un buen paso, o cambiar de dieta, o probar algo nuevo
- Tal vez una terapia sea buena idea. Hay de muchas escuelas, la cuestión es elegir la que más vaya con tu personalidad
- Para mí, la mejor manera de reinventarme es crear nuevos sueños: todo el tiempo soñar en el futuro. Si es un sueño, entonces lo convierto en meta, lo pienso, hago planes, los ejecuto y doy paso a mi siguiente sueño

Pese a los años de exposición en los medios, sigo siendo una mujer más bien introvertida. No busco la conversación con desconocidos, prefiero aislarme, escuchar música, ver series en el iPad o leer un libro. Cuando me daban el guion de una telenovela y nos disponíamos a hacer la lectura de cada escena, en especial de las románticas, sentía una pena tremenda sólo de mirar a los ojos al actor que interpretaba a quien tendría que confesarle los sentimientos del personaje en quien estaba a punto de convertirme. En los ensayos, dirigía palabras de amor a un desconocido o a un amigo, y no podía evitar el pudor, pero todo cambiaba cuando la cámara estaba encendida, las luces nos iluminaban y la escena empezaba a correr en serio. En ese momento ya no era Jacqueline, mi nombre era el de la protagonista y me entregaba por completo al amor que ella sentía. La pena que experimentaba segundos antes se desvanecía frente de la cámara y vivía plenamente la historia que antes me era extraña. Era otra mujer.

No obstante, había otros aspectos de la actuación con los cuales, a pesar de los años de experiencia, nunca me sentí cómoda: ¡los besos y las secuencias de cama! En el CEA hay un pequeño foro a donde te llevan cuando eres estudiante y te enseñan cómo se realizan esas escenas. Los besos actuados son sin lengua, pura pantomima de labios, pero me llegó a pasar dos veces —sólo dos— que por dejarnos llevar, el beso actuado se transformó en uno real. La primera vez me pasó a mí; la segunda, a mi coprotagonista. Ambos fueron accidentes, nunca fue por "la magia del momento", porque los dos eran amigos míos. ¡Qué vergüenza! Era como si mi hermano me hubiera visto sin querer en ropa interior. Cuando me sucedió a mí no sabía dónde esconderme, quería meter la cabeza en un agujero.

La escena de un beso tiene que quedar perfecta. Si no sale a la primera, el director puede tener a los actores durante diez minutos besándose hasta que salga bien. Los besos son una cosa, pero las escenas de cama son otra muy distinta. Mi primera escena de esas fue en *Rubí*, con Lalo Santamarina, en Las Vegas. Me angustié tanto que *el Güero* Castro me aconsejó que me relajara y que, si quería, sólo por ese día, me tomara un tequilita para tranquilizarme. Grabamos en una suite del Caesar's Palace. Los de vestuario me llevaron unas minilicras y un top strapless color carne. A la hora de la verdad sacaron a todos, salvo a los camarógrafos, y me recosté en la cama. Él tenía que estar encima de mí y yo mover las manos como si le estuviera acariciando la espalda. Pero cuando dijeron "¡acción!" me quedé petrificada.

—¡Corte! —gritó *el Güero*.

Se acercó a mí y con el tono cariñoso de un padre que regaña dulcemente a su hija, me dijo:

—Te explico, Jacky. Tienes que soltarte, por favor. Acarícialo, que parezca que estás enamorada. Convénceme de que así es.

Trabajamos durante un rato en la escena hasta que quedó la toma. O tal vez *el Güero* se dio por vencido. Creo que fue más bien lo segundo, porque yo me ponía roja y me quedaba tiesa como cartón. Las piernas me temblaban, me sentía muy tonta. Lalo y yo éramos amigos, para mí era impensable acostarme en la misma cama que él, aunque no fuera cierto. Con el tiempo aprendí a manejarme mejor en esas circunstancias, pero nunca perdí la vergüenza, sobre todo porque mis galanes de telenovela por lo general eran amigos muy queridos en la vida real.

En *Heridas de amor* me tocó hacer una escena muy fuerte. Era con Guy Ecker y la rodamos en Los Cabos. El director era Sergio Cataño, quien me tuvo la paciencia de un santo. Lo curioso con Guy fue que yo crecí viéndolo en *Café con aroma de mujer*, que a mi mamá y a mí nos encantaba. Protagonizar una telenovela con él fue estupendo. Nos caímos súper bien desde el día en que nos conocimos.

Durante la escena, yo tenía que sentarme encima de él con la espalda descubierta.

—De acuerdo, hagan lo que tengan que hacer —les dije a los de producción—, pero busquen la manera de cubrirme el frente.

En ese entonces no existían los bras que se adhieren sin tirantes, y como no había nada con qué taparme, yo sola me puse masking tape en el pecho. Cuando me quité la bata para grabar la escena, Guy se espantó.

—¿Pero qué cosa es eso? ¡Voy a hacer el amor con un extraterrestre!

Mi pecho era un mazacote pegajoso y tieso de cinta amarilla. Él no paraba de reír. Sé que debí haberme visto de lo más chistosa, pero fue la única manera que hallé para sentirme tranquila.

Otra de esas escenas fue con Jaime Camil en *Las tontas no van al cielo*. Estábamos en Puerto Vallarta, en una cama en la playa, con las olas del mar de fondo… todo muy romántico. La cuestión era que Jaime y yo de románticos no teníamos nada: hicimos una amistad muy linda, de hermanos, por lo que esa metamorfosis para proyectarnos como pareja requería mucha concentración de ambos. Él es muy simpático, pero muy molestoso. Le gustan las bromas y siempre se burlaba de mí cuando me equivocaba.

Cuando estábamos grabando, el director se acercaba cada tanto a nosotros y nos recordaba una y otra vez que éramos una pareja de enamorados, no un par de amiguitos traviesos de preparatoria.

—A ver —nos apuraba a punto de perder la paciencia—. No me sirve lo que hacen, no veo química, no hay pasión, falta amor. ¡No veo nada, esfuércense un poco más, por favor!

Finalmente, gracias a su presión, la escena salió, pero tuvimos que hacer gala de todo nuestro repertorio de trucos histriónicos para que ese momento romántico no se convirtiera en una sesión de chistes.

Sin duda, la escena más encendida que hice fue en *Sortilegio*. Carla Estrada enloqueció. William y yo estábamos recostados entre las sábanas y ella nos dijo que quería que se viera como si yo no trajera puesto absolutamente nada. Se acercó a mí y, sin pedirme permiso, me cortó el calzón de licra con unas tijeras. William y yo ya estábamos saliendo, por lo cual me escandalicé aún más. Nunca estuve desnuda de abajo, pero Carla sólo me dejó lo mínimo necesario. No me levanté de la cama hasta que me llevaron una bata y pude cubrirme. A él se le veía la mitad de la nalga y poco faltó para que saliera lo que no debía salir. Cuando vi la escena en la televisión me puse a gritar como loca:

—¡Cómo hice eso! ¡Cómo lo hice!

De todas las escenas que actué en telenovelas, es de la única que me da pena recordar. Pensé en mis pobres papás y recé para que nunca la vieran.

Ésa sí fue mi última telenovela. La gocé mucho, fue terapéutica, aprendí a liberarme y cumplí lo que me había propuesto. Le agradezco profundamente a Carla haberme brindado la oportunidad de trabajar con ella y aprender unas cuantas lecciones sobre el arte de las cámaras, de una buena historia y de un personaje inolvidable. Le agradezco su guía y haberme sacado de mi indecisión; empujarme a cumplir mis sueños y, principalmente, por darme su amistad incondicional a partir de ese momento, preocuparse por mí y estar siempre al pendiente. La admiro como mujer, por lo que ha logrado y por esa fuerza contagiosa que impulsa a los demás a dar siempre todo.

Gracias a Dios no me quedé sin trabajo, al contrario: los proyectos y propuestas abundaron. Un par de años antes de *Sortilegio*, durante mi participación en la película *Cuando las cosas suceden* y en la serie *Mujeres asesinas*, tuve la fortuna de conocer a Pedro Torres, una leyenda de las producciones televisivas, quien con el tiempo se convirtió en mi amigo y en uno de mis maestros más queridos. Al igual que Lupita y Adela, Pedro confió en mí y me propuso mi primer trabajo importante como conductora en *De por vida Bancomer,* un programa de concursos donde descubrí lo mucho que me gustaba estar frente al público de una manera distinta a la actuación. Me encantaba el ritual anterior a salir al escenario, desde escoger la ropa, el maquillaje y el peinado, hasta la expectativa de conocer a los concursantes y escuchar sus historias. "Esto es lo que quiero hacer", pensé.

Precisamente en *De por vida Bancomer* conocí a Enrique Benhumea, hoy mi adorado y mejor amigo: Benhu. Él estaba a cargo de la sección comercial del banco patrocinador y Pedro lo convenció de que apostara por mí para conducir el programa, a pesar de mi nula experiencia en ese formato televisivo. Los dos nos fascinamos desde el primer día y nos volvimos inseparables. Disfruté mi soltería por más de un año en compañía de Benhu, íbamos juntos a todos lados y durante ese tiempo fue mi *date* oficial en cada fiesta o reunión a la que me invitaban. Gracias a él, esos meses de libertad emocional se convirtieron casi en una segunda adolescencia. Me sentía libre de ataduras, de compromisos, no tenía que pensar en nadie más que en mí. No supe cuánta falta me hacía estar sin pareja hasta entonces, y todo gracias a mi querido Benhu, mi amigo, mi hermano del alma.

En cuestión de trabajo, fue como volver a mis orígenes dentro de Televisa. Recordé entonces que al principio todos decían que me querían como conductora y yo estaba empeñada en ser actriz. No era el momento y me alegro de no haberlos escuchado. Me sentí muy feliz de retomar, tanto tiempo después, la conducción de programas, que ahora amo tanto. Me proporciona otro tipo de alegrías que la actuación, de conexiones, es una manera diferente de estar frente a la pantalla sin comprometer todo mi tiempo; es un trabajo más independiente.

Tampoco es que haya renunciado a la actuación por completo: en 2012 filmé la película *Entrenando a mi papá* y realicé otros proyectos, como la película *Un padre no tan padre,* que se estrenó en 2016. Amo el cine y deseo trabajar en más películas, aunque —debo confesarlo— mi proyecto consentido es indudablemente *La voz*. Desde que vi el programa uno de la primera temporada, conducido por Mark Tacher, me enamoré completamente. No me paraba del sillón frente a la televisión ni para ir al baño, apostaba en mi mente por los participantes, me convertí en una auténtica fan.

En 2012 me llamó el productor Miguel Ángel Fox y me preguntó en frío, sin ningún rodeo, si me gustaría conducir *La voz México*. Salté de ese mismo sillón de la pura alegría.

—¡Claro que sí! —respondí al instante.

Enseguida le marqué por teléfono a Martín, mi esposo —de quien hablaré a continuación—, y le dije:

—Adivina quién acaba de hablarme.

—¿Donald Trump?

—¡Ya, burro!

—¿Quién?

—Miguel Ángel Fox, quiere que conduzca *La voz*.

—¡Obvio! ¡Obvio! ¡Tienes que hacerlo! —gritaba él del otro lado del auricular, casi reventándome el tímpano.

En *La voz* he vivido algunos de los días más emotivos de mi carrera y de mi vida personal. Me he encariñado con los *coaches* y con muchos de los participantes; he llorado, me he emocionado, he sufrido, reído y, en resumen, he sido muy feliz. Sigo enamorada de *La voz* como desde el primer día que pisé el escenario. Estoy donde quiero estar.

17

El *chick*, el *check* y el *shock*

Mi mamá me decía frecuentemente, con gesto consternado:

—Ay, hija, eres una mujer exitosa en tu trabajo, has alcanzado todo lo que te has propuesto, pero ¿por qué te va tan mal en el amor? ¿Por qué escoges tan mal a los hombres?

Tenía razón. Llegó un momento en que pensé que no encontraría a ese alguien que rompería con mi mala racha amorosa. Las decepciones anteriores me orillaron a creer que no existía ese hombre, pero en el fondo guardaba una pequeña esperanza. Anhelaba conocer a esa persona, mi persona, el hombre de mi vida, el verdadero, el padre de mis hijos. No es que dedicara días y noches a pensar en eso, ni que sufriera como protagonista de telenovela, era tan sólo una idea pequeña y constante que, eso sí, poco a poco se clavaba más profundo en mi mente. Tenía mucho trabajo, así que —por fortuna— no me sobraba demasiado tiempo para sentarme a esperar mientras deshojaba margaritas. La ventaja fue que, a esas alturas, no sólo ya sabía lo que buscaba, sino también lo que ya no quería.

Una vez Maki, quien entonces ya era casi mi comadre, se empeñó en buscarme pareja para resarcir el error de haberme presentado a un ser que resultó dañino para mí. No iba a quedarse tranquila hasta verme con alguien que me hiciera feliz. En enero de 2010, en el Club Libanés, donde nos veíamos muy seguido para desayunar, me dijo:

—¡Ya sé a quién te voy a presentar!

—¿A quién? —le pregunté.

—¿Has oído hablar de Martín Fuentes?

—No, nunca.

—Te va a encantar. Lo voy a contactar, es perfecto para ti.

Muy aplicada mi amiga, le mandó al tal Martín Fuentes un mensaje por Facebook. Resulta que en una época fueron muy amigos, de esos con los que te vas de reventón. Hacía mucho que le había perdido la pista, pero de botepronto le pareció ideal para mí. Maki no sabía si tenía novia ni en qué andaba; para acabar pronto, no tenía la menor idea de su vida, pero como es fiel a sus corazonadas, sin excusa alguna lo contactó en ese instante e incluso estaba más emocionada que yo.

—¡Hola, Martín! Quería preguntarte una cosa: ¿estás soltero? Tengo una amiga que te quiero presentar.

—*I'm available.* ¿Qué amiga es?

—Es alguien del medio artístico.

—No me late alguien de ese medio, sorry.

—Se llama Jacqueline Bracamontes.

—¿Cuándo nos vemos?

Las citas a ciegas me ponen francamente nerviosa. Se generan muchas expectativas que difícilmente se cumplen, y al final, por lo general, al menos uno de los dos se va a casa con la cabeza gacha. Yo no lo sabía entonces, pero a Martín le gustaba todo lo que implicara riesgo, las experiencias nuevas, lo fuera de lo ordinario.

A pesar de su afición por lo extremo, el hombre se vio muy cauto y no se dejó llevar a la primera de cambio. Nada tonto, sugirió que fuéramos los cuatro al cine: Maki, Juan, él y yo. Si resultaba que nos gustábamos, sugeriría ir a cenar. Si no, cada quien a su casita, sin victoria ni derrota. Al menos se habría hecho el intento.

La cita fue en el Cinépolis de Arcos Bosques; la película, lo juro, era *Valentine's Day*. Claro, ¡en pleno febrero, mes cliché del amor y la cursilería! Llegamos todos muy puntuales. Yo me produje lo más que pude, hasta le hablé a Rosy y a Naye, mi maquillista y peinadora consentidas, para que me hicieran lucir como una diosa. Si él estaba esperando a la guapa de la televisión, con la guapa de la televisión iba a encontrarse.

¿Qué hacer para salir como reina?

- Lo primero: sácate partido; nadie mejor que tú conoce sus fortalezas, así que explótalas al máximo
- Después, saca tu kit VIP de maquillaje: aquellos productos que piensas sólo usarías en algún momento especial, ¡pues ahora es el momento!
- Ponte un tratamiento para el cabello y péinate como sabes que mejor te queda
- Luego elije la ropa correcta: pregunta a dónde te va a llevar el galán (cine, a cenar, a conocer a sus padres) para seleccionar la indicada. Recuerda: el negro adelgaza y las rayas horizontales engordan
- Y aunque nos cueste, ¡tacones! ¡Ponte tacones! Estilizan la figura y desde que sales de tu casa caminas de otra forma.
- Antes de que cruces el umbral, como dicen algunos amigos: "¡Caraza, pelazo y actitud!"

La verdad, yo echaba tiros, como dicen por ahí. Al verme, Martín me lanzó, con tono de conquistador, un:

—Hola, *date*.

A pesar de lo romántica que soy, nunca creí en el amor a primera vista, pero debo confesar que cuando lo vi me temblaron las piernas. ¡Estaba guapísimo! Ese saludo me gustó, porque nunca fue tímido ni intentó hacerse el gracioso. Pude ver que así era, natural y espontáneo, no había pasado horas frente al espejo ensayando qué me diría cuando por fin me viera, nada de eso. Además era muy alto. Me deshice en el instante —claro, sin que él lo notara— pero mi corazón brincaba como niña en el kínder. ¿Sería que al fin estaba frente a ese hombre único, la excepción a la regla, que esperé desde pequeña, aquel que no me decepcionaría? No se puso nervioso —o eso parecía—, nunca me trató como si fuera inalcanzable, no se intimidó ni se comportó de manera artificial o acartonada. Eso fue muy importante para mí, porque me di cuenta de que era alguien que sabía tratar con las personas y no se contenía ni actuaba por complacencia. La primera impresión fue inmejorable.

Al entrar al cine yo pedí unas palomitas con chile. Él dijo que no quería nada, pero cuando las vio se le antojaron y terminó acabándoselas. No le dio pena. Al terminar la película propuso que fuéramos a cenar, señal de que de su lado todo marchaba bien también. Fuimos los cuatro y Maki estaba feliz porque al fin me había conseguido una buena cita. Lo único que me contrarió fue que, al despedirse, comentó que al día siguiente se iba a aventar en helicóptero al Popocatépetl para ser el primero en esquiarlo. No estaba segura de si me encantaba que fuera tan osado, nunca me había visualizado ni imaginado con un amante del riesgo. Pero era obvio ¡por eso era piloto de carreras! Afortunadamente, lo del Popo no salió como él quería porque el clima era terrible y no permitió que se aventara.

Cuando Maki me preguntó qué me había parecido, le respondí:

—Pues muy bien tu amigo, aunque demasiado salvaje para mi gusto.

Sin embargo, eso no fue suficiente para dejar de pensar en él. Me bastó verlo una vez para que no se me saliera de la cabeza.

Empezamos a salir. A los dos días de habernos conocido lo invité a acompañarme a un evento de promoción de Las Vegas en un hotel de la Condesa, donde tenía un compromiso de trabajo. Estaba consciente de que la idea era arriesgada, pues de *Valentine's Day* y de una cena no habíamos pasado y, además, en el evento habría prensa. Él dijo que sí y fuimos; al salir, salimos a cenar con Maki y Juan.

Un par de días después tenía programada en mi agenda la boda de mi prima Pau, a la que asistiría con Benhu, quien cuando le pedí que apartara la fecha me respondió:

—Por supuesto te acompaño, pero ojalá me canceles a última hora porque eso querrá decir que llevarás a un príncipe azul, y ya te lo mereces. Yo sólo quiero verte completamente feliz, Brincamontes.

Pensé un buen rato si sería bueno invitar a Martín o mejor esperarme. Sabía que nos gustábamos, aunque quizás era demasiado llevarlo a una celebración familiar tan pronto. Finalmente, como me gustaba tanto y sentía que podía enamorarme rápidamente de él, decidí que era un buen momento. Él aceptó. Para mí, la primera prueba fue ésa: si conocía a mi familia y salía huyendo, lo dejaría por la paz; si le gustaba y se quedaba, significaría que lo nuestro podría convertirse en algo serio. Y así fue como pasó.

Martín, que no baila porque tiene dos pies izquierdos –cuando le conviene–, raspó la pista hasta dejarla lustrosa. Conoció a mi familia y quedó encantado, ellos lo quisieron desde el primer momento.

No paró de reír y se divirtió como si los invitados fueran amigos suyos, incluido Benhu, al que no le permití que se bajara del plan y lo llevé otra vez de chaperón. A mí me daba miedo que las citas se nos salieran de las manos, me inquietaba mucho estar con él a solas, por eso me las arreglaba para que siempre estuviéramos acompañados, además de que mis papás así me acostumbraron… pregúntenle a Karla. Benhu nos acompañaba a todos lados. ¡A todos! Ese primer mes seguramente a los dos se les hizo eterno… ¡pobres!

Mientras más conocía a Martín, más me gustaba; cada vez que salíamos descubría cosas suyas que me enloquecían: su manera de hablar, de conducirse, de relacionarse con la gente y, en particular, con su familia. Me gustaba cómo los trataba y el cariño con el cual les hablaba por teléfono. Era tan diferente de todos los hombres con quienes había estado que no podía creer que existiera alguien así, como hecho a mi medida.

A un mes de que comenzamos a salir nos fuimos a Cancún. Obviamente, con Benhu. Todavía no éramos novios, nos estábamos conociendo. Ahí, Martín aprovechó una ausencia repentina de Benhu para declarárse. Yo, contra todo pronóstico, le contesté que no. ¿Por qué, si era obvio que me encantaba? Pues porque estábamos en lugares distintos. Él llevaba un rato soltero y amaba la fiesta, salía de miércoles a sábado con sus amigos y lo consideraban cliente distinguido en los restaurantes y bares más renombrados. Eso no significaba que no quisiera estar con él, por supuesto, pero yo soy una mujer más tranquila, no me gustan los antros ni el ruido, soy de esas personas que prefieren una cena plácida, una copa de vino, buena conversación y luego descansar en casa con una película entretenida. Creía que no estaba preparada para una relación con Martín, tenía mucho miedo. Su respuesta ante mi negativa fue muy serena y acertada:

—¿Sabes? Creo que yo debería frenarle un poco a mi reventón y tú subirle para que podamos estar en la misma frecuencia. Hagamos una cosa, sigamos conociéndonos todavía un poco más. Dentro de un tiempo te haré esta misma pregunta de nuevo, sólo una vez más. Si me dices que no ahí la dejamos, entenderé.

Cada fin de semana era una aventura extrema con él –y Benhu–. Un sábado íbamos a Puebla a las carreras, a la semana siguiente nos aventábamos del paracaídas en Tequesquitengo y luego viajábamos a Cancún a bucear. No había manera de que me aburriera, todo el tiempo hacíamos algo divertido. Y sí logramos encontrar el equilibrio que nos faltaba: yo me arriesgaba a hacer cosas nuevas y él ya no vivía tanto en el reventón. Pasaron tres meses desde nuestra primera cita en el cine y el 2 de mayo de 2010, en nuestra primera escapada a Las Vegas, la ciudad de la lujuria y el vicio, me volvió a preguntar si quería ser su novia. Mi respuesta fue un rotundo sí. Sólo entonces dejé descansar a Benhu, que no volvió a salir con nosotros hasta después de un mes, aunque durante el tiempo en que salimos los tres, él y Martín hicieron buenas migas y compartieron confesiones etílicas alguna madrugada después del after.

Por Martín sentí algo que no había sentido nunca por nadie. Parecía una adolescente con el novio más popular de la prepa. Además de cumplir con todos los requerimientos de mi lista del hombre perfecto, tenía el *chick*, el *check* y el *shock*, tal como me lo dijo la mamá de Ana de la Reguera una vez que nos vimos en Los Ángeles, durante mi estadía allá:

—Cuando escojas a un hombre —sentenció la señora con gesto de sabia—, tienes que fijarte que tenga el *chick*, el *check* y el *shock*. El *chick* para que sepa combinar unos pantalones con una corbata y se vea perfecto cada vez que te invite a salir. El *check* para que te lleve al mejor restaurante y pueda pagar el vino más exquisito de la carta. Y el *shock* para que cada vez que lo veas te estremezcas y sientas que te vuelves loca tan sólo de tenerlo cerca.

Martín tenía todo eso y más. Era evidente que estábamos tomando la relación muy en serio, tanto que llegó el día en que fue necesario tocar un tema más profundo:

—Jacky, tengo que preguntarte algo porque me estoy enamorando muy en serio de ti y necesito saber hacia dónde va esto. ¿Piensas seguir haciendo telenovelas? Te lo pregunto porque quiero ser absolutamente sincero contigo: no lo soporto, no lo entiendo, no lo quiero.

—No, no voy a hacer más telenovelas, lo decidí hace un tiempo, así que no te preocupes por eso. Voy a seguir trabajando, en efecto, porque amo lo que hago, pero no en telenovelas. Tomé desde antes la decisión, así que ni siquiera es por ti. Tengo muy clara mi prioridad, que es formar una familia. Eso es lo más importante para mí.

Aclarado el punto, cierto día me propuso que nos fuéramos a Dubái.

—¡Qué!

—¡Vámonos a Dubái! Es un viaje que siempre he deseado hacer y quiero ir contigo.

Jamás en la vida me había pasado por la cabeza, o el corazón, el deseo de ir a Dubái. "Otra más de nuestras aventuras", pensé. Todo era parte de un inteligente plan de Martín, porque así como yo lo había invitado a convivir con mi familia a una semana de conocerlo para ver su reacción, él quería estar seguro de que yo fuera la mujer de su vida y de que no querríamos matarnos a los tres días de viajar en pareja en una tierra lejana. No sólo no nos peleamos, el viaje nos sirvió para enamorarnos más. Pasamos diez días de película del otro lado del mundo. Fuimos a Dubái y Hong Kong, un espléndido viaje que bastó para darnos cuenta de que ya no debía buscar más. Habíamos encontrado a nuestro tal para cual, cosa que me parecía fascinante, pues la posibilidad de conocer entre tantos millones de seres al amor de tu vida es remotísima. Supongo que ése trata de un auténtico milagro: coincidir con una persona cuya sola mirada te acelera el corazón o que con un simple roce te provoca una explosión de felicidad que no se compara con nada en el mundo.

En diciembre me propuso que nos fuéramos a esquiar a Whistler, Canadá. Íbamos Martín, su socio Óscar con su esposa Liz, su mejor amigo Pica y mi hermano Jesús, una mezcla interesante. Él, Pica y mi hermano se fueron a hacer *helisking*, esa locura que había pretendido hacer en el Popocatépetl y que consiste en lanzarse de un helicóptero para esquiar en las cumbres de las montañas sobre nieve virgen, donde no hay ni pistas ni otra manera de llegar que no sea por aire. Martín aprovechó ese tiempo con mi hermano para hacerlo su aliado en un plan que acabaría por dejarme más helada aún. Mientras tanto, Liz y yo, las inexpertas, nos quedamos en la pista normal. Por la noche, Martín nos animó a ir a un espectáculo de *fire and ice* afuera del hotel. Yo estaba agotada porque había pasado todo el día en el frío, con todas esas capas de ropa, y prefería meterme en la cama con mi pijama deliciosa.

—Ándale, nena, vamos —me insistía con esos ojitos que invariablemente me convencen, a los que es imposible decirles que no.

—Pero si voy ya ni me cambio, estoy exhausta. ¿Me veo muy mal en traje de esquí?

—Pues como quieras —me dijo Martín—, pero yo sí me voy a cambiar y si fuera tú haría lo mismo. ¿Mi reina de la belleza en esas fachas? ¡Ni hablar, Jacky!

—¡Ay, no! Estoy cansada, me voy a quedar así.

Cuando lo vi tan arreglado, tan guapo, tan listo para salir, me dio pena; me quité el traje, me enfundé unos jeans y un abrigo, pero no me peiné ni me maquillé. Liz me preguntó por qué no llevaba aretes; pensé qué tipo de pregunta era ésa, si sólo íbamos a ver un espectáculo con gente de confianza, nada fuera de lo normal. Llegamos. Los esquiadores pasaban por aros que ardían en llamas y daban piruetas en el aire en medio de fuegos artificiales de mil colores. El viento congelado me pegaba en el rostro y hacía que mis mejillas enrojecieran. La verdad, no le puse demasiada atención al show —en serio deseaba irme a mi cama—, hasta el momento en que dos de los esquiadores se acercaron al lugar donde yo estaba con una manta que decía: "Jacky, ¿te quieres casar conmigo?".

Estallé. Pasé de la risa al llanto, no sabía qué hacer ni qué decir, excepto: sí, sí, sí. ¡Sí! Lloré a más no poder. Llamé a mis papás en medio de un torbellino de llanto y risa; ellos, al otro lado del celular, no me entendían y se asustaron, pensaron que algo le había pasado a mi hermano. Finalmente, logré calmarme y les conté cómo me había dado Martín el anillo de compromiso. En Guadalajara ellos tampoco paraban de llorar de la emoción. Mi sueño más preciado, más aún que el de dedicarme al espectáculo, mucho más que el de ganar una corona, comenzaba a materializarse.

Ya Martín le había confesado a Jesús en pleno *helisking* su plan: "Cuñado, si no salgo vivo de ésta, quiero que le digas a tu hermana que hoy pensaba darle el anillo". Pero Dios es grande y no hubo necesidad de revelaciones de ese tipo.

Con Martín, todo en la vida es a lo grande. Planeó con mucho esmero cada detalle de su declaración, con la misma ilusión con la que yo había esperado ese momento. Aunque sabía que tarde o temprano me lo propondría, la verdad no me lo esperaba tan pronto y mucho menos la forma como lo hizo. Martín no estaba de acuerdo con que las parejas se comprometieran antes de cumplir el año, pues consideraba que ese tiempo no bastaba para conocerse lo suficiente; además, tachaba de ridículos a los novios que hacían sus declaraciones públicamente. Nosotros llevábamos siete meses y estábamos ahí, a medio espectáculo, por eso no lo vi venir. Mi vida se iluminó en ese instante, no tenía dudas de que era el hombre para mí.

A partir de esa noche viví en el nervio total. Había que preparar todo: el lugar, los invitados, el banquete, el vestido, ¡mil cosas por delante! Yo estaba ahogada de trabajo, pero contraté a un *wedding planner*, mi amigo Jaime González, y él se encargó de todo. Martín y yo fuimos a buscar iglesias a Guadalajara, ¡allá debía ser la celebración! Lo llevé a varias, incluyendo la capilla de mi amado Instituto de la Vera-Cruz, pero ninguna le parecía lo suficientemente fastuosa para la boda que él quería, hasta que llegamos al Templo Expiatorio del Santísimo Sacramento, una impresionante iglesia neogótica ubicada en el centro de Guadalajara, construida en tiempos de don Porfirio. Apenas entramos a tan majestuoso recinto, supimos que ahí nos casaríamos. Faltaba el lugar de la fiesta, pero le advertí:

—De la fiesta ni me preguntes. Será sorpresa.

Y Martín se tuvo que aguantar, porque todo quería saber, en todo quería intervenir. En cambio, yo tenía la ilusión de que llegara a su propia boda sin la menor idea de lo que le esperaba. Así como él me había llenado de sorpresas desde el primer día en que nos vimos, yo quería darle una que no olvidara jamás.

—Confía en mí y relájate, ¿ok? —concluí.

Mis amigas de toda la vida me hicieron mi despedida de soltera en Las Vegas, ¿dónde más? Nos fuimos a un antro disfrazadas de cisnes, ellas de negro y yo de blanco. Lejos de destramparnos, el viaje nos sirvió para hacer cosas de mujeres: platicar, recordar anécdotas, planear y, obviamente, ir de compras. La despedida era lo de menos, lo que todas queríamos era estar juntas. Mi mamá también me organizó una despedida, pero en Guadalajara, sólo para la familia.

El día que anuncié públicamente la noticia, cuando un reportero descubrió a media entrevista mi anillo de compromiso y me cuestionó, comenzaron de inmediato las especulaciones sobre el día de la ceremonia religiosa, el lugar, el vestido, el banquete, los regalos, los invitados y hasta el cura. En cuanto se dio a conocer que me casaba, gracias a la revista *Caras,* que fue la que anunció el compromiso, nadie escatimó fotografías, entrevistas y reportajes. No sólo sentí el amor de mi familia y amigos, sino también el del público y el de mis compañeros actores, conductores y productores. Es cierto que estar en la industria del espectáculo te puede hacer pasar ratos difíciles y extenuantes, pero también te llena de satisfacciones que no podrías sentir en otras condiciones o en otro lugar. En ese sentido, la gente ha sido generosa y, sobre todo, cariñosa conmigo; desde la señora que encontró mis tacones "extraviados" detrás del escusado en Nuestra Belleza Jalisco, las empleadas de los hoteles donde me he hospedado que me piden una foto y Estelita, la encargada de la casa de Nuestra Belleza, hasta la señora de la limpieza que me confesó lo que yo no quería pero necesitaba saber sobre aquel amor fallido. Quienes me vieron iniciar en los certámenes de belleza y los seguidores que estuvieron conmigo a lo largo de mi carrera como actriz, y después como conductora, se interesaron en conocer todo acerca mi futuro y me hicieron sentir, nuevamente, lo afortunada que soy de contar con tanto amor. Tenía la impresión de que no sólo mi mamá y yo estábamos planeando mi gran día: también el público y la prensa.

Raúl Xumalín, mi queridísimo representante y amigo, quien desde hace varios años está a cargo de mis relaciones con los medios y las marcas, así como de cualquier tema de negocios y trabajo, me ayudó mucho, como siempre, a compartir la información y a tener al tanto a los medios. Creo que nunca he agradecido más su presencia en mi vida que en aquellos días prenupciales. Gracias a él yo pude concentrarme en lo que más requería mi atención, pues aunque Jaime González estaba al mando de la celebración, ¿qué mujer no desea involucrarse de lleno en su boda?

Algunos consejos para preparar tu boda

- Lo primero: tú no puedes con todo, pide ayuda y *delega*
- Tente paciencia: no te conviertas en una *bridezilla*
- Recuerda que la boda es de dos: involucra a tu pareja en la planeación y divídanse el trabajo; no pierdan de vista que es el inicio de una vida juntos y el día más importante para los dos
- Escuchen lo que la gente les diga y agradezcan cada consejo. Sin embargo, son tú y tu pareja quienes después tomarán la decisión
- Llegado el día, *disfruta*: ya sea que llueva, se vaya la luz, al mariachi se le rompa el traje… *disfruta*

Poco a poco todo fue tomando forma. Mi atención estaba en mil asuntos: los preparativos, las flores, las invitaciones, la familia, y también el trabajo que, gracias a Dios, caía y caía del cielo. La gente del espectáculo y el público no dejaron de mandarme mensajes de felicitación en redes sociales; recibí mucha buena vibra y los mejores deseos, por lo cual estoy infinitamente agradecida. Adquirí conciencia de que todo eso me estaba pasando a mí. Pensaba en la música, en que no se me fuera a olvidar invitar a nadie, en la fiesta, en la luna de miel y en dónde viviríamos. ¡Eran tantas cosas!

El día se acercaba. Martín y yo parecíamos dos tontos enamorados de preparatoria, más que en los primeros días de nuestro noviazgo, con la risita infantil y los ojos embobados de amor absoluto, el más puro que existe; pero al mismo tiempo el más maduro, porque en ese momento ya cada uno tenía su propia historia, y su propio aprendizaje; los dos sabíamos que, por alguna poderosa razón, el destino —con ayuda de nuestra celestina Maki— se había encargado de juntarnos. Las piezas del rompecabezas habían caído en el lugar preciso.

El 3 de septiembre de 2011 nos casamos por lo civil en el hotel St. Regis de la Ciudad de México. Yo no pude ni dormir la noche anterior. Estaba más nerviosa que en la noche previa a la pasarela de cualquier concurso. Lo de Nuestra Belleza México, incluso lo de Miss Universo, no era nada comparado con las ansias y los nervios que sentía en ese instante. Pensé en lo extraordinario de que, de un momento a otro, mi vida cambiaría por completo. Jamás volvería a ser la misma. Daba vueltas en la cama sin poder pegar el ojo, imaginándonos a Martín y a mí viviendo juntos, como esposos, y después —¿por qué no?— recibiendo en nuestros brazos a nuestro primer bebé.

Por la mañana me temblaban las manos, los ojos se me cristalizaban de felicidad y emoción. Cuando pusimos nuestra firma en el acta, a pesar de tratarse de un trámite legal y de que todavía faltaba lo más importante, algo en mí se liberó y por fin respiré tranquila, feliz, más de lo que nunca había sido. ¡Al fin Martín, el amor de mi vida, era mi esposo! Nos pertenecíamos.

La fiesta en el St. Regis se extendió hasta la madrugada. Se proyectó un video con los momentos más especiales de nuestro noviazgo, que pudo editarse gracias a la colaboración de amigos y familiares. Al verlo, yo nadaba entre risas y lágrimas de emoción. Utilicé un espléndido vestido que me confeccionó Manuel Mota

—quien lamentablemente falleció en 2013—, diseñado exclusivamente para mí en su agencia Pronovias. Mis testigos fueron Benhu, la Garnica, MaríaU, amigos cercanos, primos Bracamontes, primos Van Hoorde, ¡uff!, no podría contarlos a todos. De los famosos, fueron Carla Estrada y Daniela Romo, ya que ellas han desempeñado el papel de mentoras y amigas en distintas facetas de mi carrera. El banquete incluyó ensaladas, mariscos y, por supuesto, una barra de antojitos escogida por mí y por Martín. A pesar de que esta ceremonia fue íntima y acudió exclusivamente nuestro círculo de familiares y amigos, los medios estuvieron al pendiente de cualquier detalle ocurrido durante el evento. No perdían pista y muchos no creían que, si bien legalmente ya éramos marido y mujer, hubiéramos decidido no vivir juntos hasta casarnos por la Iglesia.

En la boda religiosa no quisimos pecar de discretos: echamos la casa por la ventana. Era el día más esperado de nuestras vidas y aquello con lo que yo más había soñado después de que de niña, enfundada en mi disfraz de Blancanieves, imaginaba ser una feliz princesa de cuento de hadas. La exclusiva de la ceremonia religiosa se la concedimos mi príncipe azul de verdad y yo a la revista *¡Hola!*, que me ha seguido de cerca a lo largo de estos años y hasta el día de hoy. Con sus cámaras fotográficas capturaron cada detalle de esa noche mágica; sabíamos que todos estarían al pendiente del vestido, la decoración, los invitados y el banquete. No los defraudamos. Todo, absolutamente todo, fue en grande, como el amor que nos une a Martín y a mí.

Una de nuestras madrinas fue —por supuesto— Maki, para quien no tendré nunca el agradecimiento suficiente. Llegué en punto de las siete de la noche al Templo Expiatorio del Santísimo Sacramento de Guadalajara con mi papá —que me dio un ramo de orquídeas—, en mi carroza nupcial, un Rolls Royce plateado de ensueño que nos prestó mi queridísimo suegro, en paz descanse.

De todos los sueños que se realizan en una boda, el del vestido ocupa un lugar primordial. El que utilicé en la iglesia fue hecho a mano por Nicolás Felizola, mi diseñador y también amigo, con *chiffon* de seda traído de París; su confección tardó varios meses. El ajuar era una sorpresa para los medios, para Martín —claro está—, pero también un poco para mí, porque mandé hacer nada más y nada menos que cuatro vestidos, de entre los cuales escogí el que, al final, me hizo sentir la mujer más especial del planeta. La ropa siempre ha ocupado un lugar predominante en mi vida, no sólo por la imagen que proyecto en la televisión o por una cuestión de estética y buen gusto; es principalmente una manifestación visible de mi personalidad y mis convicciones. Mi vestido tenía que ser el reflejo exterior de mi armonía interna y de la belleza como una cualidad del alma; proyectar la esperanza, el agradecimiento, la fe que siempre he tenido en Dios y en el hombre a quien amo. También me puse unos aretes que me prestó mi mamá, heredados de Mamayoya, los cuales me hicieron sentir acompañada y bendecida por ella.

Afuera de la iglesia, además de los invitados, había muchos admiradores que fueron a felicitarme. Aunque los nervios me invadían de pies a cabeza, los escuchaba decir:

—¡Felicidades, Jacky!

—¡Qué hermosa te ves!

—¡Qué hermoso vestido, eres la novia más linda, pareces una princesa!

Mi público me acompañó con su vibra de amor y buenos deseos esa tarde tan emotiva; me hizo sentir más reina que nunca, más espectacular que en Miss Universo.

La iglesia parecía un palacio de la realeza, adornado con nubes de pétalos radiantes donde quiera que veías. En la entrada había ristras de rosas níveas con casablancas entre hilos verdes de follaje. La nave central del templo estaba bordeada por ramilletes blancos alineados, los cuales subían desde el piso y desembocaban en gruesas velas blancas cuya flama marcaba delicadamente el camino hacia el altar, recubierto por una alfombra blanca, donde al final nos esperaba el cardenal Juan Sandoval Íñiguez para oficiar la misa. De la bóveda gótica colgaban candelabros circulares que emanaban su delicada luz sobre la solemnidad del ritual sagrado. Los vitrales al fondo del altar añadían color al interior del gigantesco templo gótico.

Lo que había actuado una y otra vez en las telenovelas no se parecía en nada al hecho verdadero. Como dicen por ahí, "la realidad supera a la ficción". Y mi boda superó con creces no sólo mis actuaciones, sino también las escenas que imaginaba desde niña cuando pensaba en casarme vestida de princesa con mi príncipe azul, el hombre más guapo, más inteligente, más amoroso y generoso del reino de las fantasías.

Me preparé en todos los sentidos para caminar hacia el altar. Me prometí a mí misma que no me comportaría como las protagonistas de mis telenovelas, que lloran todo el tiempo antes de dar por fin el "sí, acepto"; sin embargo al entrar a la iglesia, al ver el rostro de mi padre, con esa mirada de amor profundo, tan conmovido y lleno de felicidad; a Martín junto al altar, esperándome a mí, la mujer de su vida; al sentir el silencio que nos rodeaba, no pude contenerme y lloré como nunca. Las lágrimas se me desbordaron desde que di el primer paso. A partir de ese momento no paré. Entonces supe en qué consiste el sentimiento de gozo absoluto. Cuando llegué al altar, Martín me recibió de la mano de mi papá, tenía el rostro pálido a causa de los nervios pero su mirada era brillante y embelesada. Mientras el cardenal oficiaba la misa, Martín no pudo controlarse y me besó dos o tres veces, por lo cual el prelado le llamó graciosamente la atención. Cuando llegó el momento de pronunciar los votos, lo hice entre sollozos: apenas podía articular palabra. Fue el día más emotivo de mi existencia. Aún hoy, cuando veo los videos y las fotografías de aquella noche, me entran ganas de llorar.

Tanto la ceremonia como la recepción, en la que lucí otro de los vestidos, fueron eventos privados, pero yo deseaba que todo el mundo se enterara de lo realizada que me sentía, me hubiera gustado compartir esa experiencia maravillosa con todos los que me habían seguido durante tantos años. Así que, después de la iglesia, y tomada de la mano de Martín, salimos a hablar con los medios. Era lo menos que podía hacer.

—Ahora sí, legal y religiosamente, soy la señora de Fuentes —dije con una satisfacción que no podía ni quería disimular.

Los labios me dolían de tanto sonreír. Hablamos un poco de nuestra historia de amor, de cómo nos conocimos gracias a los Soler, de cómo me pidió que nos casáramos, de lo felices y agradecidos que nos sentíamos ahora que por fin éramos marido y mujer. Los ojos de mi esposo brillaban intensamente, no paraba de besarme frente a las cámaras, de susurrarme palabras cariñosas al oído. Creo que, hasta ese día, nunca lo había visto tan enamorado.

Después de la sesión de prensa nos dirigimos a Trasloma, el lugar que escogí junto con mi *wedding planner* para la fiesta. En ese entonces Trasloma no era conocido, nosotros lo inauguramos como el sitio ideal para celebraciones. Consta de varias explanadas, rodeadas de espejos de agua y hermosos jardines arbolados. En la superficie mayor mandamos poner un toldo blanco, que cobijaba el soberbio decorado de árboles de cerezo —de los cuales pendían orquídeas— y los arreglos de hermosos tulipanes que había como centros de mesa. Las cálidas luces brillaban aquí y allá por todas partes, dejando en medio el espacio para la pista de baile, en la cual se leían frases de la canción que Martín y yo escogimos para bailar nuestro primer vals como marido y mujer, "Amazed", de Lonestar, ya saben:

> *I wanna spend the rest of my life*
> *with you by my side,*
> *forever and ever.*
> *Every little thing that you do,*
> *baby, I'm amazed by you.*

El banquete fue un manjar de otra galaxia a cargo del restaurante I-Latina, que es uno de mis favoritos en Guadalajara. Escogimos un menú de carnes y pescados, capaz de satisfacer a los paladares más exigentes, porque tanto Martín como yo siempre hemos sido de buen comer, nos encanta degustar cada bocado, saborear los ingredientes y, especialmente, compartir lo mejor con nuestros seres queridos. La vida está tan llena de delicias que es una pena no comer lo que el corazón −y el estómago− piden. Aquellos que viven en eterna dieta no saben que están perdiéndose la mitad de las experiencias que valen la pena en el mundo.

Entre nuestros invitados de honor también estuvo Mijares, quien nos regaló un par de sus canciones más románticas a la hora del postre, cuando todos tenían ya el estómago feliz. Como fue una boda masiva, me pasé la mayor parte del tiempo saludando a los invitados, pero eso no impidió que me escapara de vez en cuando a la pista de baile o a la mesa de dulces.

La fiesta terminó al día siguiente. Mi esposo y yo estábamos exhaustos, pero con esa fatiga propia de la realización de una fantasía largamente deseada y planeada. Me tomó treintaiún años experimentar esa sensación de plenitud. Cerré una etapa llena de satisfacciones personales y muchos tropiezos, de decepciones amorosas y logros profesionales. En mi corazón no había más que agradecimiento; de esas veces que, a pesar de que sabes que has trabajado duro para obtener lo que tienes, es tanta la dicha que sospechas no merecerla. Otra de las lecciones más valiosas es la de creer. A veces, aunque parezca demasiado bueno para ser verdad, realmente lo es.

Nuestra luna de miel empezó en Sudáfrica y duró veinticinco días. Es un país que me fascinó. El vuelo, eso sí, duró mil horas, pero las molestias e incomodidades que conlleva un viaje tan largo —que en otro momento me hubieran llevado a desear bajarme del avión— se desvanecían cuando miraba a Martín y me invadía la felicidad de estar con él. Los paisajes sudafricanos nos conquistaron desde el primer día. Nos levantábamos a las cuatro de la madrugada para ir de safari a ver a los animales antes de la salida del sol. Después de miles de fotografías y recuerdos —que, obviamente, contaremos a nuestras hijas una y otra vez—, viajamos a las islas Maldivas y de ahí a Abu Dabi, para visitar el Ferrari World, que mi piloto favorito moría por conocer. Luego visitamos Bangkok, Camboya y, por último, Vietnam. En todos lados nos recibían con flores y champaña; ése fue el único alcohol que tomamos durante nuestro viaje de ensueño, ya que teníamos la idea de embarazarnos inmediatamente y decidimos que todas las condiciones fueran las óptimas. No lo logramos. En cambio, tuvimos tiempo para disfrutarnos, conocernos como esposos, como compañeros de vida, como los mejores amigos. Había concluido una era de altibajos, con sus momentos buenos y malos; ahora empezaba otra repleta de sorpresas y nuevas enseñanzas, de experiencias para las cuales ningún consejo me había preparado.

Días negros y días muy luminosos

Cada mañana, al despertar al lado de Martín, me tomaba un segundo caer en cuenta de que estaba viviendo más de lo que había deseado. A veces todavía me sorprendo a mí misma sonriendo a solas al pensar en todo lo que tuvo que pasar para que estuviéramos juntos. Aprendí a convivir todos los días con la idea de que es un hombre de emociones intensas. Claro que yo ya lo sabía, pues cuando éramos novios lo acompañaba a sus carreras y a muchas de sus aventuras extremas, las cuales para mí rayaban en la locura y lo inconcebible. Quizás eso le añadió un ingrediente emocionante a nuestra unión, porque él siempre está pensando en hacer cosas más audaces, su mente nunca descansa; tal vez si tuviera el mismo carácter tranquilo y sereno que yo nos aburriríamos, cosa que nunca sucede. Finalmente, el matrimonio es abrirte a lo que le gusta a tu pareja y darte de pronto la oportunidad de vivir lo desconocido, siempre que sea recíproco y no implique contradecirte.

Aquí van unos consejos para el matrimonio

- Ténganse mucha paciencia: es una época de adaptación a la vida juntos
- Escucha a tu mamá, ella te dará los mejores consejos
- Desde el principio sigue la frase común: "Nunca se vayan a dormir enojados"
- Combinen momentos de estar solos con los de invitar a amigos y familiares a su nuevo hogar
- Sobre todo, siempre comuníquense: enójense, discutan, no estén de acuerdo… pero comuníquense. Y que siempre sea con respeto.

Al principio, su participación en las carreras de coches me tenía sumamente nerviosa. No obstante, así como disfruto ir al estadio a ver a las Chivas y gritar a todo pulmón, a pesar del sufrimiento cuando el rival está encima o si somos últimos en el porcentaje de descenso, también aprendí a disfrutar el ambiente de los coches; principalmente ir a apoyarlo y estar cerca mientras corre. Amo lo que él ama. Me convierto en una fiera, en la fan número uno, que aplaude y maldice para alentar a su ídolo ganador. No consigo dejar de preocuparme y sentir nervios, eso es claro, pero son esos nervios los que, cuando ha pasado el peligro, hacen que la adrenalina me recorra el cuerpo entero y el orgullo me llene de pies a cabeza. Verlo llegar en primer lugar me provoca una emoción incontrolable; cada que cruza primero a toda velocidad la meta yo no paro de saltar, estoy casi segura de que siento lo mismo que él, porque su victoria es mía, porque somos un equipo, un equipo que nació de dos y ahora es de cinco. Sus finales de foto los tengo guardados en mi memoria y recurro a ellos, así como a todos mis logros, cuando quiero pensar en que nos sucederá lo mejor, en que somos invencibles, cuando necesitamos una hazaña.

Desde el principio, a la prensa le ha gustado retratarnos juntos, siempre al pendiente de nosotros. Hemos ocupado las portadas de las revistas más reconocidas de sociales y de espectáculos. Lamentablemente, porque en esta vida no todo es dulce ni tan bello como aparenta, también hemos protagonizado los titulares de algunos tabloides de chismes. Uno de esos medios publicó en 2015 las fotografías de una supuesta infidelidad de Martín en la despedida de soltero de un amigo suyo en Cancún. Ésa no fue la última vez: en 2016 publicaron otra historia. Sin embargo, para nosotros lo más importante es, siempre ha sido y seguirá siendo nuestra familia. Hay una línea entre los asuntos públicos y los privados que ese tipo de prensa debe aprender a respetar. Al final del día, nadie sabe lo que ocurre en nuestra casa y en nuestra familia más que él y yo. Fueron momentos duros, de los más difíciles como pareja, pero por fortuna nos mantuvimos fuertes, sólidos y superamos la situación, porque ambos compartimos la consciencia de ser cinco quienes conformamos nuestro hogar. Todos nuestros problemas —porque por supuesto esos no han sido los únicos ni séran los últimos— los hemos resuelto uno frente al otro, aunque no siempre de la manera más fácil ni haciéndonos de la vista gorda, sino confrontando con determinación y dignidad cada situación y cada una de las crisis por las que hemos atravesado, para seguir adelante.

A veces el hecho de ser un personaje público puede dar la impresión de que sólo se vive entre glamour y bellezas, pero la verdad es que no es nada sencillo. El estar expuesto constantemente es un arma de doble filo: por una parte, amas a las personas que te siguen y quieren; por otra, hay muchas que sólo buscan el hueco para entrar en tu vida y hacerte daño. Los matrimonios pueden pulverizarse en un simple cerrar de ojos, eso puede pasarle a cualquiera; sin embargo, cuando te persiguen las cámaras para captar el instante en el que justo te resbalas complica aún más la difícil tarea de las relaciones. Con el fin de mantenernos en esta montaña rusa hemos recurrido a terapias que nos han ayudado a fortalecernos individualmente y a consolidar nuestros lazos para solucionar los conflictos normales de cualquier pareja y mantenernos seguros de nosotros mismos, afianzados en nuestro amor y, por supuesto, en nuestras hijas, que son lo más valioso que tenemos. Mi apuesta, precisamente, es mi familia, eso es lo que ocupa mi tiempo. Mantendré esa apuesta al margen de todo el ruido que se genere alrededor. Finalmente la vida se pasa tan rápido que es preciso decidir cuáles batallas pelea uno: yo siempre lucharé en favor de mi familia. Si la gente vive de los chismes de los demás y no tiene nada mejor que hacer, es problema suyo; es muy fácil lanzar juicios al aire y opinar. Mi vida privada es mía.

Desde el día de nuestra boda la gente, los amigos, la familia y los medios comenzaron a preguntar para cuándo tendríamos hijos. Fue como si todos supieran que pretendíamos embarazarnos enseguida, pero a mí no me gustaba tocar mucho el tema, así que únicamente respondía: "Cuando Dios nos los mande", con la esperanza de que fuera rápido. Sin embargo, pasaban los meses y nada; tanto Martín como yo empezamos a desesperarnos, al grado de que empecé a tomar hormonas. Desde 2010 había vuelto a comer carne, porque un día mi nutrióloga me dijo que si quería embarazarme mi bebé necesitaría las proteínas provenientes de las carnes rojas. Así que, inmediatamente después de la consulta, mi mamá y mi hermano me llevaron por unos exquisitos tacos de lengua, que me supieron a gloria. Desde entonces como carne y soy la más feliz. Pero el caso es que en 2012, durante una entrevista donde me cuestionaron sobre la maternidad, con toda seguridad y firmeza les dije que queríamos embarazarnos ese año, que 2012 sería el bueno. En ese instante solté la impaciencia y me imaginé entregándole mi deseo al cielo, lo convertí en una luz y lo dejé volar adonde tuviera que llegar.

Yo estaba haciendo, por primera vez, *La voz México*. Los del staff aseguraban que era el programa más fértil de la televisión mexicana.

—Ya verás que cuando empiece el programa te vas a embarazar —me aseguró Miguel Ángel Fox, el productor, con tono profético—. Algo tiene este foro, las mujeres se embarazan cuando vienen aquí.

—¿Eres adivino o es una premonición lanzada a la ligera? —le pregunté entre risas y con una extraña sensación de que así sería.

No soy supersticiosa ni muy clavada en fenómenos sobrenaturales o místicos, de verdad, pero tal como me lo dijeron, sucedió.

Cuando me enteré de que estaba embarazada, a un año de casados, experimenté una felicidad tan pura, tan irreal, que no sabía que alguien podía sentir eso. El sentimiento y la certeza de que una vida crece dentro de una es algo que sólo puede comprender quien ha sido madre. Fue la realización de mi anhelo más ferviente y profundo. Desde niña yo sabía que había nacido para ser mamá. El sueño de tener a mi primer bebé entre mis brazos no hizo más que reafirmar mi esperanza. Apenas supe el resultado positivo de la prueba intenté comunicarme con Martín, que en esta ocasión se había ido a nadar con tiburones a las islas Guadalupe, donde no había señal de celular. Con algo de suerte, cuando se le ocurriera meterse a una computadora con internet, leería alguno de mis cien correos, en los cuales le contaba de mil maneras la noticia. Recé y recé para que revisara su mail y se enterara de que sería papá, pero tardó tres días en hacerlo. Cuando nos pusimos en contacto Martín estaba en shock. Gritaba de felicidad, me decía cuánto me amaba y buscó la manera de regresar de inmediato.

Volvió, afortunadamente, en una pieza, hecho un amasijo de emociones. Al asistir a nuestra primera consulta nos enteramos de que no esperábamos uno, sino dos bebés, un nene y una niña. Era un regalo del cielo. Nada podía ser más perfecto. Desde ese día todos mis pensamientos, todos, fueron para ellos. Decidimos nombrarlos Jacqueline y Martín, preparamos todo multiplicado por dos, compramos pijamitas, ropita para ambos, utensilios, protectores para las esquinas de las mesas y todo cuanto se aparecía a nuestro paso en las tiendas. Dormíamos hasta tarde hablando de nuestros mellizos, veíamos cómo crecía mi pancita, les hablábamos a todas horas y hasta les pusimos música clásica.

Durante los tres primeros meses la pasé muy mal. Mi mamá, que es un ángel, me ayudó mucho: venía a verme, me cuidaba, me consentía, me daba consejos y yo la valoré como nunca antes lo había hecho. Vivir en carne propia lo que ella soportó para sostener mi vida me conmovía hasta las lágrimas, entre malestar y malestar. La abracé en silencio, sin que nadie escuchara, le agradecí por mi existencia, por ser mi madre, mi guía. Conforme nos estrechábamos, tuve la certeza de que yo la elegí, dudo que haya sido el azar o que por suerte me haya tocado, no es lógico. Acto seguido imaginé a mis bebés, a mis hijos; traté de entender por qué ellos me habrían escogido a mí. Si mi teoría era correcta, estaba ante una responsabilidad aún mayor, no podía fallarles, debía ser la mejor para ellos.

No dormía, vomitaba a cada rato, vivía mareada, con ascos y náuseas. Como por arte de magia, después de la semana número doce, todo fue más tranquilo y me sentí increíblemente bien. Martín y yo íbamos con frecuencia a consulta para monitorear a los bebés, que se desarrollaban correctamente. Todo estaba en orden. Estuve en *La voz* hasta que alcancé los seis meses de embarazo.

Consejos que me sirvieron durante el embarazo

- Disfruta el estar embarazada, es un gran regalo
- Que todo se te resbale. Nada es más importante que tu bebé, no pongas energía en cosas negativas
- Come lo más sano posible y de todo un poco; toma mucha agua para estar hidratada todo el tiempo
- Camina o nada
- Ponte todas las cremas o aceites humectantes que encuentres para la panza; yo usé aceite de coco y de almendra, y muchas cremas, así conseguí que no me salieran estrías
- Ponle música, así, cuando nazca y vuelva a escucharla se relajará
- Platíquenle todo el tiempo: reconocerá sus voces
- Hay tés para el embarazo que te ayudan a descansar por las noches
- Si te dan náuseas, cómete por las mañanas galletas saladas y toma durante todo el día agua mineral con sal y limón
- Sobre todo: duerme todo lo que puedas, ya que después nunca será igual

Un martes, a fines de marzo, Martín y yo fuimos a los go-karts en Chiluca. El camino para llegar a la pista era tropezado y lleno de baches. En el trayecto, una intuición me dijo que algo andaba mal, me sentía extraña. Esa noche surgieron, inesperadamente, las primeras contracciones. No me asusté tanto porque el doctor me había advertido sobre esa posibilidad, así que en lugar de ponerme paranoica seguí las indicaciones de mi obstetra e intenté mantenerme tranquila, pero alerta. El jueves nos fuimos a Tequesquitengo, a donde vamos muy seguido de fin de semana. Las contracciones volvieron y persistieron durante todo el día, cada vez más frecuentes. Apenas estaba en la semana treinta y cuatro. Como ya no podía más, llamé al doctor Eduardo Torreblanca, quien me dijo: "¡En este segundo se me van al hospital!"

Martín metió algunas de nuestras cosas al coche y no les avisó ni a mis suegros ni a mi cuñado Enrique ni a su esposa, Mirén, que también se estaban quedando en la casa porque justo era Semana Santa y se había organizado el plan familiar. Fuimos desde Tequesquitengo hasta el Ángeles del Pedregal, donde el doctor me checó rápidamente. De ahí nos fuimos todos al ABC de Santa Fe. Me pusieron un suero para disminuir el dolor y me conectaron a un monitor con el fin de seguir la actividad dentro de mi vientre. Después de un buen rato pudieron mitigar las contracciones, las cuales volvieron después de poco tiempo. El médico, al ver la pantalla y medir el tiempo de cada contracción, me dijo: "Jacky, háblale a tu familia porque tus bebés van a nacer hoy". Era el 29 de marzo de 2013, Viernes Santo, cuando rompí en llanto por el sufrimiento más desgarrador que hasta entonces hubiera experimentado.

Yo sabía que los niños debían estar en el vientre de la madre, idealmente, hasta llegar a las treinta y seis semanas para poder completar su desarrollo. Los doctores que me atendían decían que les costaba trabajo encontrar el corazón de uno de los dos, pero al final, con esfuerzo, lo oyeron latir muy suavemente, según alcancé a escuchar yo también con trabajos en medio de todo el ruido mental que no me permitía entender con claridad qué sucedía. ¿Cómo me podía estar ocurriendo eso a mí? Hasta ese momento todavía tenía fe de que todo estuviera bien.

Llegó Benhu, mi papá estaba en Miami y mis suegros llegarían después. Me llevaron al quirófano, con Martín presente. No podía pensar en nada, mis emociones estaban a punto de estallar. Sentí angustia, miedo y algunos resquicios de felicidad, todo al mismo tiempo. La luz de las lámparas me deslumbraba, todo se oía a lo lejos, incluso mis sensaciones provenían de la distancia. Me abrieron. Después de la cesárea, alcancé a darme cuenta de que no había llanto. Intentaba mantenerme en mis cinco sentidos, aunque cada vez me costaba más trabajo. Mi temor era tanto que no quería perderme nada de lo que ocurría. Logré percibir los susurros entrecortados de los cirujanos, algún llorido agudo. Alcancé a escuchar frases sueltas:

—Hay algo con Martín… hay algo con Martín… Martín.

—¿Qué está pasando? —preguntaba yo repetidas veces. Nadie me contestaba. Martín callaba. Entonces el primer llanto fue más claro, el grito de vida más hermoso del mundo, el primer sonido de mi hija, antes siquiera de abrir los ojos. Sin pausa de por medio, vino lo peor.

—¡Díganme qué pasa! —grité con el último hilo de voz.

—Jacky bien. Martín mal —dijo el doctor con voz grave y clara.

—¿Cómo que mal? ¡Qué pasa! —no paraba de preguntar, desesperada: necesitaba saber dónde estaban mis dos bebés, los quería tener conmigo, abrazarlos y no soltarlos ya nunca.

Me llevaron a Jacky envuelta en una manta de franela y la abracé, la abracé con todo el amor y con toda la ternura de mi corazón. Le di un beso en la frente y le pedí que rezara: "Jacky, mi amor, reza para que tu hermano esté bien".

Martín lo había visto todo y enmudeció de dolor. No me dijo nada hasta después. Mi hijo no respiraba. Llevaba así al menos dos días dentro de mi vientre. Su cuerpecito estaba azul. Yo no veía nada, no sabía, no me decían, no paraba de llorar. Me desangraba. Martín le pidió al doctor que me inyectara un sedante. Lo último que recuerdo es mi propia voz resonando entre los muros del quirófano, bajo una luz blanca incandescente: "¡Qué pasa con Martín! ¡Qué pasa con mi hijo!" Perdí el conocimiento.

Cuando desperté, mi marido me contó lo que había ocurrido horas antes. Lloré todos los días y todas las noches que estuve internada, al menos veinte, a todas horas, y todavía después. La muerte de un hijo es algo que nunca se supera, algo con lo que apenas se aprende a vivir. Es un dolor que no se olvida, sigue lastimando el alma mientras dura la conciencia. Nunca he vivido algo tan doloroso como la muerte de mi Martín, mi angelito. No podía creer que eso nos estuviera pasando a nosotros, a mi esposo y a mí. No imaginaba cómo íbamos a enfrentarlo. Había un hueco en mi corazón.

Caminar por el duelo

- Llora, llora todo lo que tengas que llorar
- Busca ayuda: terapia o un tanatólogo
- Platica mucho con tu pareja
- Ten paciencia: la luz saldrá tarde o temprano
- Recuerda: la pérdida de un bebé es algo que nunca se supera, jamás se olvida. Pero hay que seguir, hay que vivir, hay que volver a reír.

Jackita, nuestra hija, gracias a Dios nació sana. Permaneció en terapia intensiva porque era muy pequeña, pesó apenas 2.132 kilos, pero después de una semana bajó a 1.9. Nunca estuvo en peligro mortal, pero comía muy poco y estaba débil. Le tuvieron que dar cafeína para que no se durmiera y se le olvidara respirar; le pusieron paneles con luz especial porque estaba demasiado pálida. Yo iba a terapia intensiva y la recostaba en mi pecho con la idea de que sintiera mis latidos y mi calidez. Nadie más que Martín y yo podíamos acercarnos a ella o cargarla. Sus abuelos y tíos no pudieron tocarla hasta después de veinte días, la conocieron a través de un cristal. No podía darle la leche directamente porque estaba tan frágil que succionar la agotaría y le hubiera hecho quemar calorías que no podía darse el lujo de gastar. Como pude, con ayuda de Martín, utilicé un sacaleche; él corría de mi cuarto a terapia intensiva para llevársela, porque durante diez días no pude levantarme de la cama si no era para ir a a darle calor a Jacky. Martín fue mi sustento emocional en esos días oscuros. Él también estaba destrozado, pero nunca lo vi llorar. La fuerza que nos hizo sobrevivir venía entera de él. Martín nos levantó a los tres. Él sabía que si se derrumbaba, yo también lo haría.

Un día, me tomó la mano y me miró a los ojos:

—Jacky, sabes lo mucho que te amo, lo mucho que adoro a nuestra hija. Llora lo que quieras, desahógate mientras estemos aquí, en nuestro cuarto, tú y yo —me dijo—, pero cuando estemos con Jacky no quiero ver ni una lágrima. Tu hija te necesita y merece tenerte entera.

El valor que me dieron sus palabras y el amor infinito que sentí hacia mi hija desde el segundo en que supe que estaba embarazada me ayudaron a mirar hacia delante. Ella fue mi motivación. Regresamos a casa. Durante el día nos visitaban familiares y nuestros amigos más cercanos; yo no quería ver a nadie salvo a Benhu, quien estuvo al pendiente de mí, y a mis papás. Por la noche, en esa habitación de hospital, yo le pedía a Martín que se durmiera conmigo, que se acostara a mi lado para sentirlo cerca. Él me estrechaba contra su pecho y yo lloraba desconsolada entre sus brazos. Estaba feliz, pero también increíblemente triste.

Fue mi esposo quien se encargó del acta de defunción de nuestro hijo y de los trámites. Yo nunca vi siquiera el video del parto, donde aparecen Jackita y Martín recién salidos de mi vientre. No quise saber nada de papeles, de reseñas, ni de cualquier otra cosa relacionada con mi hijito. No estaba preparada, aún no lo estoy. Nunca comprendimos la verdadera razón clínica por la cual nuestro bebé no pudo sobrevivir. Siempre me sentí culpable por haber ido aquel día a los go-karts, pero el doctor me dijo que era algo en mi sangre, en mi coagulación, lo cual nada tenía que ver con haber salido ni con aquella terracería. No sabremos nunca si lo dijo para no hacernos sentir mal; quizás tampoco valga la pena averiguar sobre un pasado que, hagamos cuanto hagamos, no podemos modificar ni corregir.

Mientras estaba embarazada, una persona con un don extraordinario me dijo algo que nunca voy a olvidar: "Tu hijo Martín viene a cumplir una misión muy especial". Sólo después comprendí el significado de sus palabras: mi hijo vino al mundo para salvar a su hermana. Quizá si Jacky hubiera venido sola, le habría pasado lo mismo y no habría podido vivir. Con el paso de los años supe que, cuando uno pasa por una tragedia de dimensiones tan monstruosas, la pregunta que debe hacerse no es "¿por qué me pasa esto a mí?" —yo me lo pregunté hasta el cansancio—, sino "¿para qué pasó?" Sobreponerse de una aflicción tan honda toma tiempo y madurez. Son las oportunidades que Dios nos da para que aprendamos a reflexionar.

Después de perder a nuestro hijo empecé a ver la vida de otra forma. Cualquier conflicto era pequeño en comparación con mi gran dolor. Las cosas, por lo general, siempre tienen solución. Es absurdo hacer una tormenta en un vaso de agua. Llegar tarde a una cita, perder un trabajo o recibir una crítica negativa son cosas que pasan y a la larga se olvidan: uno puede seguir adelante siendo la misma persona. Cuando una madre pierde a un hijo nunca vuelve a ser la misma. De todo aprendemos, incluso cuando no nos damos cuenta, aunque duela en lo más profundo del alma. Dios sabe por qué hace las cosas.

Amamanté a Jackita por medio año. Aprendí a conocerla y ella a reconocerme a mí. Cada vez que la miraba veía cómo se definían sus rasgos, los mismos de Martín: las cejas apenas separadas y los labios delgados, era su misma cara. Por haber sido tan prematura, su salud fue vulnerable, era una niña bastante delicada a quien cuidamos mucho. Su papá y yo casi vivíamos en el consultorio pediátrico, me dediqué a cuidarla al cien por ciento. La llené de amor y sentí sus delicados latidos pegados a mi pecho, la abrazaba tan fuerte que sentía que así no le pasaría nada y se recuperaría de todo. Me fascinaba acunarla en mis brazos, sostener cuidadosamente su cabecita rosada con el pelo finísimo que empezaba a cubrirla, vestirla con la mayor ternura posible, mirar cómo dormía, ajena a los problemas de los adultos, al dolor de las pérdidas irreparables; tan sólo siendo ella, tan hermosa, tan milagrosa, mi hija, mi regalo del cielo.

Cuando Jacky se recuperó por completo, al menos en esa primera etapa, y cuando yo también estuve en condiciones. Decidimos embarazarnos nuevamente. No tuvimos que esperar mucho, al primer intento lo logramos. Recibimos la confirmación de mi embarazo con una alegría inmensa, con amor incondicional y con un poco —o mucho— miedo. Una noticia así hace inevitable pensar en el pasado, no resistiría si se repetía la historia, pero opté por concentrarme mejor en lo bueno, en lo positivo, en lo que nos hacía felices.

La felicidad tiene varias formas, sabores, colores y rostros. También distintos momentos. A medida que pasan los años y uno adquiere más experiencia, tanto las alegrías como las verdaderas tristezas calan más en el alma. Los sueños se van quedando atrás y sólo tenemos el presente; las decisiones que tomamos no son para mejorar nuestra vida, sino la de las personas que dependen de nosotros. Yo estaba, profesionalmente, en el mejor punto de mi carrera, con un trabajo perfecto que me permitía dedicar todo mi tiempo a mi familia. Emocionalmente, Martín y yo nunca habíamos estado tan unidos. El centro de nuestro universo eran nuestras hijas, Jacky y Carolina —decidimos llamarla así—, quien apenas se formaba dentro de mí.

El segundo embarazo me llenó de entusiasmo porque Jacky al fin tendría una hermana. Era el mejor regalo que podía hacerle. Yo había sido tan feliz con Alina que deseaba que mis hijas experimentaran lo mismo y se convirtieran en las mejores amigas. Porque los padres se van, pero los hermanos permanecen siempre a nuestro lado. Además, mi sobrina Ximena, la hija de Alina, nació el mismo día que Jackita, lo cual fue sumamente especial para las dos. ¡Festejaríamos juntas cada cumpleaños!

El embarazo fue un camino de rosas en un día soleado. No sentí náuseas, no vomité, no me sentí mal. Martín y yo observábamos crecer mi panza y nos llenábamos de esperanzas e ilusiones. No importaba que Carolina aún estuviera dentro de mí, en nuestro hogar ya éramos cuatro. Preparar la casa para recibir a un nuevo bebé es algo que jamás me cansaré de hacer. La bebé tendría su propia recámara, debíamos hacer arreglos: nueva cama, nueva ropa, nuevo espacio. Jacky estaba aún muy pequeña para saber lo que significaban todos esos cambios.

En víspera del nacimiento, Martín estaba raro, hostil, nervioso. Yo entendía a la perfección aquel sentimiento: íbamos a volver al hospital donde falleció nuestro hijo y nos atenderían los mismos doctores. Regresaríamos al mismo escenario. La herida aún era reciente. Para cambiar aunque fuera un poco el entorno, pedí al personal que no me dieran el mismo cuarto, pero no me escucharon. A pesar de todo, me sentía más tranquila, más madura emocional y físicamente, más preparada. Continué concentrándome en lo que había, en lo grandioso y en lo maravilloso que estaba por venir. Ya había pasado por eso una vez, y a pesar de que no todo había salido bien, sabía qué esperar, conocía el proceso. En esta ocasión todo sería alegría: ya lo había decretado.

La cesárea se llevó a cabo la mañana del 9 de julio de 2014. Cuando Martín vio a Carolina por primera vez se transformó en el hombre más dulce. Sus nervios se esfumaron como por arte de magia, la sonrisa le volvió a la cara. No paraba de mirarla, besarla y abrazarla. Sus ojos se cristalizaron de felicidad. Yo, emotiva hasta las lágrimas, no podía controlarme.

Fue una operación tan sencilla que al día siguiente estaba de pie. A tres semanas, ya había vuelto a recorrer los pasillos y el foro de *La voz*, mi recuperación fue asombrosa. En casa, Jacky estaba completamente sorprendida de haberse encontrado con ese nuevo ser que era su hermanita. Sus enormes ojos marrones no parpa-

Ahora que ya son dos...

- Trata de organizar tu tiempo sin que te descuides: tú también eres muy importante
- Mientras que tu primer hijo va a la escuela y el otro duerme, retoma tus actividades y lo que te gusta hacer
- Trata de hacer cosas que involucren a los dos: si vas a bañar al bebé o a darle de comer, invita al mayor a que te ayude o te acompañe; si vas a jugar con el mayor, que el bebé esté presente en el juego
- Vuélvete práctica y simplifícate la vida
- Acepta ayuda de la gente que te quiere y quiere a tus hijos
- No dejes a un lado a tu pareja: busquen momentos para estar solos. Los abuelos siempre están dispuestos a ayudar y cooperar

deaban, tampoco sonreía; pasaba de mirarme a mí y luego al bultito rosado envuelto en una manta de franela. Naturalmente, no tenía todavía conciencia de la bendición que es tener una hermana. Sentía mucha curiosidad. Le costó algo de tiempo adaptarse, pero cuando adquirió suficiente confianza, sólo quería tocarla y mirarla por largo rato. Ahora que las veo jugando, cuidándose una a la otra, inseparables, siento que he cumplido una de mis misiones vitales como madre.

La voz, Nuestra Belleza Latina y los proyectos cinematográficos en los que ahora estoy involucrada me llenan como mujer profesionista. Afortunadamente, a pesar de la maternidad, nunca me ha faltado trabajo. Gracias a Dios, pero también a mi esposo, porque así como yo me involucro en lo suyo, él me ayuda a cumplir con mis compromisos y ser madre al mismo tiempo. Martín se hace cargo de las niñas cuando yo tengo que viajar a otra ciudad o al extranjero, y me las lleva los fines de semana porque no puedo estar separada de ellas por más de una semana. No sólo es el padre que siempre soñé para mis hijas, sino el esposo más considerado y tierno. Me consiente y se ocupa de mí.

Jackita y Caro son nuestra luz. La casa se ha llenado de llantos y risas cantarinas. No cambiaría absolutamente nada de lo que he tenido que pasar para llegar hasta aquí. Martín confirma cada día ser el hombre que esperé durante tantos años. Cuando lo veo en su papel de padre, sé que éste era nuestro destino. Él decía al principio que su número ideal de hijos era dos. Yo quería cuatro. Al final, decidimos que ni él ni yo: tres era el número mágico, el perfecto, el de la buena suerte —aunque los puntos cardinales son cuatro, y al final uno nunca sabe—. Dios, que ha sido increíblemente generoso con nosotros, nos escuchó una vez más. Una tarde de noviembre de 2015 fuimos mi esposo y yo a consultar los resultados de una prueba de embarazo que nos habíamos hecho días antes. El doctor nos dio la noticia que habíamos estado esperando: sería madre por tercera ocasión.

Era noviembre de 2015 y yo estaba en Las Vegas para la conducción, por segundo año consecutivo, de la entrega de los Grammy Latinos. Llegamos tres días antes del evento con el fin de prepararlo todo. Ese año me esmeré de manera muy especial. Me llevé a todo mi equipo. Jomari estuvo conmigo asesorándome con el atuendo —mandamos a hacer seis vestidos traídos desde algunos de los países latinoamericanos que serían representados en la gala— y anduve muy atareada, emocionada y entregada al máximo. Benhu y yo pasamos por el lobby del hotel cuando le mencioné que me sentía un poco mareada, aunque nada de lo cual preocuparse. Él me miró con esos ojos de complicidad y rápido, como es él, me preguntó si no estaría embarazada.

Intenté no pensar demasiado en su comentario, porque mi mente estaba en otros mil asuntos. Más tarde, fuimos al concierto de Celine Dion y yo, por alguna razón, no paré de llorar desde que empezó a cantar la primera nota hasta que cayó el telón. Parecía que Celine me llevaba serenata. Sin duda mi sensibilidad se había disparado como bengala, así que Martín y yo decidimos salir de dudas y comprar una prueba de embarazo. Resultó positiva.

Al salir al escenario de la MGM Grand Garden Arena para presentar los premios, ya sabía que estaba embarazada. Cuando regresamos a México fuimos con el ginecólogo para estar plenamente seguros: sería madre por tercera ocasión.

Llegamos a la casa y platicamos con Carolina y Jackita. Les dijimos que iban a tener un hermanito o hermanita.

—¿Qué quieren? —les preguntamos.

—¡Una hermanita! ¡Queremos una hermanita! —respondió Jackita sin dudarlo, como si desde ese momento lo hubiera sabido.

Por probabilidades —y porque habíamos ido con un acupunturista para que, supuestamente, me cambiara el pH con el fin de que el bebé fuera varón—, supusimos que sería niño, pero mi amado piloto de carreras, aventurero extremo, será siempre el hombre favorito de tres pequeñas princesas y de una reina (a no ser que el destino nos tenga reservada otra grandiosa sorpresa). Al enterarnos del sexo de la bebé, acordamos llamarla Renata. Nuestras niñas serían el trío dinámico. Martín estaba hecho a la idea de que sería niño, su cómplice y confidente, pero las paraditas de Reni, como ya la llamamos, pronto lo conquistaron y estableció un vínculo mágico con ella a través de mi panza, a la que seguido acercaba su boca con cuidado y le declaraba su amor. Había noches en las cuales ambos le decíamos lo mucho que la queríamos, cuánto la esperábamos y cómo intentaríamos hacerla feliz con todo nuestro amor. "Gracias por escogernos", le repetía todas las noches antes de cerrar los ojos para caer dormida imaginando su carita y sus manos.

Cada bebé empieza a dar signos de su personalidad desde que está en el útero. Jacky fue inquieta y luchadora. Ella me enseñó, y es una de las lecciones que más atesoro, que sin importar los problemas lo más valioso es la vida; es una guerrera desde el día en que vio la luz. Ahora la veo tan pacífica y dulce que creo que heredó algo de mi forma de ser, de mi tenacidad y moderación. Carolina fue decidida y alegre desde el principio; sospecho que sus enormes ganas de vivir se traducirán en esa afición por las emociones extremas, tan propia del carácter de su padre y que tanto los identifica. Renata es hija de los escenarios: se manifestó por primera vez en los Grammy y rodó conmigo una película antes siquiera de nacer, parecía que desde el principio lo entendía todo. Cuando empecé a filmar la película *Un padre no tan padre*, en enero de 2016, en San Miguel de Allende, inmediatamente hablé con

Raúl Martínez, el director, para ver la posibilidad de que mi personaje se embarazara.

—¡Pero claro que no! ¡Alma —el personaje— renunció a tener hijos! No podemos embarazarla. Es definitivo.

—¿Y qué vamos a hacer? —le pregunté contrariada, pues el proyecto estaba en marcha y significaba una gran inversión de mucha gente en todos aspectos.

—Pues, tienes que hablar con tu hija —me respondió muy confiado Raúl, como si fuera posible que Renata me entendiera y me hiciera caso.

Ahí, junto a él, le susurré a mi hija:

—Renata, por favor, mamá está haciendo una película y necesito que la panza no se note. Por favor, hija, aguanta sólo un poco.

Dos días después de terminar el rodaje mi embarazo empezó a notarse, ni un día antes. Esa conexión misteriosa, esa sagrada comunicación entre una madre y su bebé dentro del vientre, es un prodigio inexplicable y divino.

De nuestras tres hijas, Renata es quien más ha pateado. Los primeros tres meses fueron un poco tormentosos, pero a partir del cuarto todo fue miel sobre hojuelas. Un embarazo bello, tranquilo y lleno de emoción y expectativa. Como su nacimiento estaba programado para julio, lo tomamos de pretexto para irnos de vacaciones a Miami y que Renata naciera allá. Ahí viven mis papás, y Jackita y Carolina se divierten de lo lindo cada vez que ven a sus abuelos, así que no tendrían que aburrirse en la casa con una mamá que al final ya no podía ni con su alma. Distracciones les sobrarían. De ese modo, hicimos del nacimiento de Renata una fiesta familiar, bajo el sol del verano y con olor a mar, con suegros, papás y hermanos. Me sentía realizada tan sólo de imaginarme a mi trío de niñas juntas, tan diferentes, tan bellas, tan amadas y tan deseadas. Un hijo es el milagro más hermoso, es un ser que proviene de uno mismo y de la persona que más amas, es la manifestación más palpable de Dios. No hay nada que pueda compararse. ¿Si tendremos otro? Eso es algo que Martín y yo decidiremos con el tiempo.

Creímos que Renata llegaría el 15 de julio. Teníamos todo preparado para ese día por la mañana. Pero ella decidió que no quería esperar, que la hora había llegado: el 14 de julio de 2016, alrededor de las nueve de la noche, el doctor nos dijo que nos apuráramos a llegar al hospital luego de que las contracciones aumentaban en intensidad y tiempo, al grado de que yo casi lloraba del dolor. Finalmente sí nació el 15 de julio a las 12:35 am, a la hora que ella quiso. Ahora que Reni está en nuestra vida nos sabemos bendecidos más que nunca por la inmensa felicidad que significa tener a nuestras tres princesas con nosotros y por el infinito amor que les daremos. De mis tres niñas Renata es, hasta la fecha, la más risueña, es una manifestación del amor. Jackita está fascinada con su nueva hermana, la trata como una pequeña mamá: la cuida, la acaricia, la besa, le habla y la abraza. Caro también la adora y quisiera jugar con Renata todo el tiempo, pero para eso pasarán todavía algunos años.

A veces veo a mis hijas y siento que Jackita es mi cómplice; Carolina, mi maestra de vida; y Renata, mi equilibrio. No pasa un día sin que me asombren y me enseñen cosas nuevas. Reflexiono y concluyo que los hijos venimos al mundo a ser una mejor versión de nuestros padres: ahí está la verdadera evolución de los seres humanos. Tenemos todo para aprender de ellos, los llevamos dentro y ellos a su vez están conformados por sus padres. Somos una especie en crecimiento, en expansión, somos el milagro de la vida. Si bien he sido una persona que continuamente trata de superarse, a partir de que me convertí en madre trato de ser cada día mejor en todos aspectos, porque los hijos son un reflejo de los padres y encuentro cada vez más rasgos míos en los gestos y en la forma de ser de mis chiquitas. Me he propuesto que de mí reciban el mejor ejemplo posible para contribuir, en lo que me corresponde, a que sean buenas personas, grandes mujeres y a que vivan felices, porque al final de eso se trata este maravilloso show de la existencia.

The show goes on

El aprendizaje que me llevo de todas estas experiencias es invaluable. Si puedo hablar de éxito en mi vida, ese éxito tiene un nombre en particular: familia. No guardo resentimiento por quienes alguna vez me causaron daño, no estoy frustrada por aquello que
creí perder cuando quería conseguir otro objetivo, dejo ir lo
que por cualquier razón ya no me pertenece y ha dejado de ser
compatible conmigo. Me abro a lo nuevo porque siempre he sido
así; a cambio he recibido mucho amor, tanto de la gente que me
ve cada semana en su televisor, como de mis padres, mis hermanos
y los amigos que siempre han estado ahí sin importar si es hora de
reír o de llorar. Dios me ha dado la fuerza para alcanzar todo aquello que desde pequeña consideré fundamental. Mis raíces son fuertes, y las de mis hijas, espero, también lo serán. Los años vividos
han sido un entrenamiento para mi verdadera vocación: ser madre.

   Lo que he narrado a lo largo de estas páginas no es la historia
de una mujer famosa, sino la de una mujer de carne y hueso entregada por completo a sus convicciones y que vio cómo sus sueños
se convirtieron en realidad. No todo ha sido por arte de magia o

por una espléndida casualidad: en buena parte se ha debido a la convicción, al esfuerzo y la voluntad. Tampoco ha sido fácil: veo mi vida como un camino lleno de retos, una pasarela donde enfrenté derrotas, dolor, momentos muy duros y, por supuesto, también los mejores y más gratos. El amor absoluto que he recibido desde que nací me convirtió en una mujer capaz de darlo todo a manos llenas. Para mí, para Jacqueline Bracamontes Van Hoorde, eso es lo fundamental: el amor, la fe y la entrega. Todo lo que soy se lo debo a Dios y a mi familia.

No sé qué pasará más adelante. Soy una mujer de retos, abrazo cada nuevo desafío como una emocionante aventura para emprender. Y ahora viene en camino un nuevo bebé: mi etapa como empresaria, un proyecto que he estado preparando desde hace un tiempo. La reinvención ha sido una constante en mi vida; de cada época he aprendido cosas que me han conducido al lugar donde estoy y me han enseñado a rodearme de personas que me hacen crecer. No sé cómo resulte esta nueva experiencia, no sé dónde estaré mañana, pero vivo el presente con pasión y una entrega total. Quiero compartir lo que amo hacer y deseo motivar a mis hijas como ellas me motivan cada día. También quiero que las mujeres sepan que todo es posible. Soy hija, hermana, madre de tres hijas y esposa, pero también soy actriz, conductora y empresaria: se pueden cumplir los sueños sin dejar de ser una misma, conservando los valores fundamentales y teniendo claras las prioridades para no perder la brújula. Dios no nos habría dado el don de soñar sin la capacidad para cumplir ese sueño y la fuerza para aceptar las consecuencias. Nada está demasiado lejos de nuestro alcance.

Sé que aún hay historias por escribir, lecciones por aprender, gente por conocer, lugares a los cuales viajar. Por el momento esto es lo que soy, aunque no lo único y no para siempre. Después de todo, la vida sigue y yo hace poco que empecé. Aún me queda mucho por contar.